Friedrich Ratzel

Der Staat und sein Boden - geographisch betrachtet

Friedrich Ratzel

Der Staat und sein Boden - geographisch betrachtet

ISBN/EAN: 9783743444980

Hergestellt in Europa, USA, Kanada, Australien, Japan

Cover: Foto ©Suzi / pixelio.de

Manufactured and distributed by brebook publishing software
(www.brebook.com)

Friedrich Ratzel

Der Staat und sein Boden - geographisch betrachtet

DER

STAAT UND SEIN BODEN

GEOGRAPHISCH BETRACHTET.

VON

FRIEDRICH RATZEL.

Des XVII. Bandes der Abhandlungen der philologisch-historischen Classe
der Königl. Sächsischen Gesellschaft der Wissenschaften

N° IV.

MIT FÜNF KARTENSKIZZEN IM TEXT.

―――――――

LEIPZIG

BEI S. HIRZEL

1896.

Das Manuscript eingeliefert am 14. Februar 1896.
Der Druck beendet am 15. April 1896.

DER

STAAT UND SEIN BODEN

VON

FRIEDRICH RATZEL.

Abhandl. d. K. S. Gesellsch. d. Wissensch. XXXIX.

Vorbemerkung.

Diese vier Abhandlungen aus dem Grenzgebiet der politischen Geographie und Sociologie haben den doppelten Zweck, die Grundlage für den Aufbau einer wissenschaftlichen politischen Geographie zu ebnen und einige Beziehungen zwischen dem Boden und dem Staat der Menschen aus dem unfruchtbaren Zustand der Verbildlichung herauszuheben. Erfüllen meine Ausführungen ihre Aufgabe, dann danke ich das zum guten Theil der persönlichen oder brieflichen Diskussion wichtiger Fragen mit wissenschaftlichen Freunden, unter denen ich besondere Erkenntlichkeit schulde den Zoologen Otto Bütschli in Heidelberg, Richard Hertwig in München und Ernst Ziegler in Freiburg im Breisgau, den Historikern Karl Lamprecht in Leipzig und Friedrich Teutsch in Hermannstadt, den Ethnographen William H. Dall in Washington (D. C.) und J. D. Anutschin in Moskau, endlich meinen Schülern und Freunden Dr. Alexander A. Iwanofski in Moskau, Dr. Hans Helmolt und Curt Müller in Leipzig.

Leipzig im Januar 1896.   Friedrich Ratzel.

In vielen Büchern über politische Geschichte wird die Bedeutung des Bodens für den Verlauf der Geschichte beachtet, am meisten in den der Grösse ihres Gegenstandes würdigsten. Von Thukydides, der klare Vorstellungen darüber ausgesprochen hat, reicht bis zu Mommsens Römischer Geschichte mit ihren tiefen Gedanken über die geographischen Grundlagen in den Anfängen und Fortschritten des Römischen Reiches eine Kette ausgezeichneter Geschichtswerke, zu deren Wesen und Vorzug die tiefe Erfassung dieses Gegenstandes gehört. Es ist aber merkwürdig, dass das durchaus keine Entwickelungsreihe ist, sondern nur die Wiederaufnahme derselben

1*

Gedanken, die allerdings ein starker Geist, wie MOMMSEN schärfer formt und sozusagen monumentaler hinstellt als viele andere, ohne aber doch irgend einen davon besser zu begründen, d. h. systematisch zu behandeln. Es bleiben immer Aphorismen. So oft auch die aus der Natur eines Landes herauswirkenden politischen Kräfte gestreift worden sind, noch immer werden sie verkannt und missverstanden. Am häufigsten sind die extremen Fehler des Uebersehens und der Ueberschätzung. Es käme darauf an, die Nothwendigkeit dieser Wirkungen zu begreifen, ohne die Schranken ihrer Bedingtheit zu übersehen. Nun liest man Sätze, wie »kraft des Gesetzes, dass das zum Staat entwickelte Volk die politisch unmündigen, das civilisirte die geistig unmündigen Nachbarn in sich auflöst, das so allgemein gültig und so Naturgesetz ist wie das Gesetz der Schwere« oder »Es war ein genialer Gedanke, eine grossartige Hoffnung, welche Caesar über die Alpen führte: Der Gedanke und die Zuversicht, dort seinen Mitbürgern eine neue grenzenlose Heimath zu gewinnen und den Staat zum zweiten Mal dadurch zu regenerieren, dass er auf eine breitere Basis gestellt ward«. Prüft man sie näher, so bleiben diese Gedanken nicht so klar und überzeugend, wie sie auf den ersten Blick erschienen. Viele Staaten sind auf eine breitere Basis gestellt worden, ohne dass sie das regeneriert hätte, besonders im Alterthum, und der Auflösung der germanischen Barbarei in den civilisirten Römern geht eine Auflösung des römischen Staats und der römischen Gesellschaft zur Seite, die den Vorgang mehr wie eine wechselseitige Zersetzung erscheinen lässt, in der am Ende das barbarische Element obsiegt.

Man weiss ganz wohl, was MOMMSEN will, möchte aber wünschen, dass die hier berührten, höchst wichtigen Prozesse erst einmal gründlich untersucht worden wären, ehe sie so als gesetzlich hingestellt werden. Eben das Gesetzliche in ihnen wäre erst zu isolieren, wodurch allein die Umstände erkannt werden können, unter denen es wirkt.

Auch unter einem Ausdruck wie »geschichtliche Nothwendigkeit«, dem die Ausdrücke »natürliche Nothwendigkeit des Gebietes« und »natürliche Nothwendigkeit des Volkes« bald entgegengesetzt und bald zur Seite gestellt werden, verbirgt sich das unbestimmte Gefühl eines tieferen Grundes der geschichtlichen Entwicklung. Man erkennt wohl

die feste Richtung, in der eine Entwickelung sich bewegt, die durch
kleinere Einwirkungen nicht verändert werden kann, aber man um-
grenzt nicht sicher die Ursache, deren geographische Natur man
nur ahnt. Alle diese grossen ahnungsvollen Worte verhüllen mehr
als sie erklären. Die beste Vergleichung leitet eigentlich immer von
der Wahrheit ab oder lässt uns dieselbe höchstens vielleicht auf
einem Umweg erreichen. Man prüfe den Werth des so oft wiederholten Bildes von der »Gravitation« der Staaten und Völker,
wofür Droysen »Ponderation der Mächte« zu setzen pflegte. Hat es
zur Einsicht in die unzweifelhaft wirksamen politischen Anziehungs-
kräfte beigetragen? Man muss der Wahrheit die Ehre geben: es
hat uns nicht einmal das Problem fest hingestellt.

Woran liegt das Verharren der Erkenntniss dieses Gesetzlichen
im Zustand der Ahnung oder Vermuthung? Warum kein Fortschritt
zu tieferer Erfassung? Zu einem Gesetz gehört doch auch immer
die Formulierung, sonst bleibt es eben Ahnung, Vermuthung.

Die Thatsache, dass es sich um Beziehungen zwischen Volk
und Boden handelt, lenkt den Blick nach der geographischen Seite.
Da die Geschichtschreiber es nicht an Bemühungen haben fehlen
lassen, den Gang der geschichtlichen Bewegungen zu verfolgen,
deren Träger irgend ein Volk war, so kann es doch wohl nur an der
Geographie fehlen, die zwar die Ergebnisse dieser Bewegungen in
Karten und Büchern seit Jahrhunderten verzeichnet und darin ebenfalls eine grosse Genauigkeit mit Hilfe der Kartographie und Statistik
erreicht hat, aber nicht genügende Aufmerksamkeit solchen Fragen
zugewendet hat, wie wir in den beiden oben angeführten Sätzen
Mommsens berührt finden. Wenn wir sagen, der erste Satz stellt
uns vor das Problem des räumlichen Aufeinanderwirkens entwickel-
terer und weniger entwickelter Staaten und der zweite vor das der
Einwirkung einer grossen Raumerweiterung auf das Leben eines
Staates oder Volkes, so sind wir auch gleich zu dem Geständniss
gezwungen, dass uns die Abschnitte einer Allgemeinen Politischen Geographie noch fehlen, in denen diese Probleme behandelt sein sollten.
In den Staatenbeschreibungen, die die Politische Geographie jetzt zu
einem hohen Grade von Vollständigkeit und Genauigkeit gehoben hat,
werden Boden und Volk streng auseinander gehalten, weil ihre
Trennung der auf Sonderung und klare Auseinanderlegung bedachten

beschreibenden Wissenschaft die Arbeit erleichtert. Nun liegt aber gerade in ihrer Verbindung zu einem an und von der Erdoberfläche lebenden Organismus der Grund jener Lebenserscheinungen, für deren Verständniss mir also die Staatenbeschreibung ebenso wenig nützt, wie die topographische Anatomie des Menschen für das des menschlichen Lebens. Die Staatswissenschaft geht allerdings von der Zusammengehörigkeit aus. Sie sagt: Das Gebiet gehört zum Wesen des Staates; ein Staat ohne Gebiet ist undenkbar; das Ländergebiet, in dem er mit oberster Macht herrscht, ist die nothwendige Grundlage der Existenz des Staates. Aber nachdem sie diese Verbindung statuiert hat, zergliedert sie den Staat, wie etwas todtes, schildert ihn wie ein Skelet und behandelt seine praktisch so wichtigen Wachsthums- und Rückgangserscheinungen wie wenn von einem Landgut hier ein Stück abgeschnitten und dort eines angesetzt wird. Das ist der Schreck vor dem Leben, der durch alle beschreibende, systematische und klassifikatorische Wissenschaft geht. In der Naturgeschichte hat man die bezeichnenden Namen Museumszoologie und Herbariumsbotanik; das ist in der Lehre vom Staat die Methode, vom Horror vitae diktiert, den Staat erst von seiner Grundlage zu lösen, und ihn zu studieren, nachdem man ihm so das Leben ausgetrieben hat. Da kann es kommen, dass man selbst so wichtige Organe wie die Grenze, nur als Linien oder Wände begreift, statt als die lebenerfüllten Werkzeuge einer der grossartigsten Lebenserscheinungen, die die Erde kennt. Ich weiss wohl, dass seit den Naturphilosophen gegen diese ertödtende Auffassung oft und energisch protestiert worden ist, suche aber vergebens in der Politischen Geographie die Früchte der von Oken verkündeten Lehre, dass das Gemeinwesen der Menschen seiner Grundform nach nicht verschieden von denen der sogenannten Naturreiche sei. Man wird sie nicht eher ernten, als bis man die Auffassung des Staates als eines grossen, an die Erdoberfläche gebundenen und von ihr abhängigen Organismus in alle geographischen Betrachtungen und Darstellungen des Staates überträgt und keine seiner Eigenschaften anders auffasst denn als die eines lebendigen Körpers.

Von aussen her ist nun in diese Probleme kein Licht zu bringen. Selbst die Beschreibung macht nur unwesentliche, äusserliche Fortschritte, wenn nicht die ganze Auffassung ihrer Gegenstände von innen heraus verändert wird. Soviel für die Politische Geographie gethan werden kann durch sorgfältige und genaue Verzeichnung und Beschreibung der Staaten und Völker, ist geschehen. Ein tieferes Eindringen ist nur möglich durch das Studium am lebendigen Staatskörper. Man kann die Grenze noch so genau beschreiben und ausmessen, ihre wahre Bedeutung für den Staat und die Bedeutung jedes ihrer Theile wird man doch erst gewinnen, wenn man sie als ein peripherisches Organ des Staatsorganismus auffasst. Der Flächenraum kann noch so genau bestimmt werden, seinen Werth für den Staat lehrt doch nur die vergleichende Betrachtung des Raumes im wachsenden und zerfallenden Staat, im Staat der Naturvölker und im modernsten Culturstaat. Diese Betrachtungsweise allein führt endlich zur Erkenntniss der Gesetze der Entwickelung und des Lebens der Staaten. Betonen wir, dass dabei Leben nie ohne Boden zu denken ist, so richten wir uns damit gegen eine weitverbreitete, aber an Erfolg nicht reiche Auffassung, aus der heraus Herbert Spencer die Forderung stellt, das Studium der Physiologie dem der Sociologie vorangehen zu lassen. Carey setzt ihr die Erwägung entgegen: Der wirkliche Mensch wird im Schooss der Gesellschaft entwickelt, also sollte sein Studium dem des Gesellschaftskörpers folgen. Mit wie viel mehr Recht ist das Zurückgehen der Sociologie und politischen Geographie auf den Boden zu fordern, auf und von dem Gesellschaft und Staat leben!

Die Spuren dieser Auffassung muss auch schon die Beschreibung zeigen, die die Forschung vorzubereiten hat. Die Beschreibung eines lebendigen Körpers wird nämlich besonders in zwei Richtungen von der eines starren abweichen. Sie wird jenen als im Moment ruhend, aber doch mit den Zeugnissen oder Merkmalen der Bewegung darstellen. Dieser Forderung wird meist nur äusserlich dadurch genügt, dass die geschichtliche Vergangenheit in ihren Hauptzügen skizzirt wird. Und sie wird bei jedem Theil, den sie etwa einzeln beschreibt, das Ganze vor Augen haben und desswegen die Vollständigkeit anstreben, denn im Wesen des Organismus liegt es, dass er ein Ganzes ist. Eine Staatenbeschreibung ist vor allem unvollständig, wenn sie nicht die für das Leben wichtigen Theile genau und mit Bezug auf ihre Thätigkeit schildert. Dabei muss sie aber nicht bloss die conventionell als beachtenswerth angesehenen, wie Flächenraum, Bevölkerung, Lage und Grenzen berücksichtigen, sondern auch die innere

…

Gliederung und die von ausserhalb der Grenzen herüberwirkenden Einflüsse. Nicht zuletzt gehören dazu die Vertheilung der ethnischen, culturlichen und wirthschaftlichen Gruppen in dem Staate und in der Sphäre um ihn her, mit der er in Wechselwirkung steht.

I.

Der Staat als bodenständiger Organismus.

Berechtigung der Auffassung des Staates als Organismus.

Die Auffassung des Staates als Organismus ist alt; sie geht bis auf Plato und Aristoteles zurück. Sie hat aber keine Entwickelung durchgemacht, die ihrem Alter entspricht. Auch sie ist in dem Jugendzustand des Bildes stehen geblieben, den soviele politisch-geographische Gedanken nie überwunden haben. Man nannte den Staat einen Organismus und war mit dem Vergleich zufrieden. Es trat der von Herbert Spencer treffend geschilderte Fall ein: Ein Bild, das zur Bezeichnung einer wirklichen Aehnlichkeit gebraucht wird, erweckt den Verdacht, dass es sich nur um eine eingebildete handle, und so wird die Auffassung einer tieferen Verwandtschaft verdunkelt[1]). Noch in der staatswissenschaftlichen Litteratur der letzten Jahrzehnte giebt es Beispiele fur dieses genügsame Verweilen beim Bilde[2]). Ja, sogar in den Versuchen, den Begriff des politischen Organismus zu vertiefen, bei Denkern, wie Schäffle oder Carey, die von der Wirklichkeit des organischen Charakters der Gesellschaft und des Staates überzeugt sind, bleiben doch wichtige Eigenschaften des politischen Organismus darum verborgen, weil ihr ganzes Bestreben sich allzusehr auf die Entdeckung pflanzlicher, thierischer oder einzelmenschlicher Analogien richtet. So bleibt aber die Aufgabe ungelöst. Das Eigenthümlichste der politischen Organismen wird nicht durch die Entdeckung einer Analogie erkannt. Die Analogie gehört noch zum ästhetischen Theil des Denkens und Darstellens; es ist etwas Spielendes in ihr, so gedankenzeugend sie auch wirken kann. Das wäre ein Schritt zur Erkenntnis nur, wenn gleich der zweite darauf folgte. Und dieser müsste mit der Frage

gethan werden: Welcher Art von Organismus gehört der Staat zu? Zwei neue Wege der Forschung würden sich nun aufthun, der eine sich richtend auf die eigenthümlichen Beziehungen dieses Organismus zu seinem Boden und seine merkwürdige Entwicklung auf und mit diesem Boden, und der andere auf die weiterführende Frage: Ist der Staat der Menschen ein vollkommener oder unvollkommener Organismus? Auch ohne alles weitere Fortschreiten in die Tiefen des Problems wäre damit der grosse Vortheil gewonnen, dass die nothwendige Beschränktheit dieses Vergleiches zwischen Staat und Organismus erkannt und dem Staat die Sphäre gewahrt würde, wo er nicht mehr Organismus sein kann.

Unter allen Sociologen hat Herbert Spencer den Vergleich einer menschlichen Gesellschaft mit einem Organismus am weitesten geführt. Die organische Auffassung tritt in den verschiedensten Theilen der Principien der Sociologie hervor und ihr ist der ganze zweite Theil des ersten Bandes gewidmet [3]. Eine Anzahl der wesentlichsten Eigenschaften ist hier zum ersten Mal klar bezeichnet. Dazu gehört besonders das organische Wachsthum und die eigenthümliche Zusammensetzung der Gesellschaft aus selbständigen Einzelwesen. Sowie aber der Vergleich ins Besondere geht, zeigt sich, dass auch dieser Denker den geschlossenen, mehr oder weniger hoch entwickelten Pflanzen- oder Thierorganismus im Sinne hat. So wenn er das Wachsthum eines gesellschaftlichen Organismus durch Wanderung aus einem andern gesellschaftlichen Organismus in seinen biologischen Beispielen nicht finden kann. Oder noch mehr, wenn er das Wachsthum der Structur mit dem Wachsthum der Masse, wie im hochentwickelten Organismus auch im Organismus der Gesellschaft erscheinen lässt, was sich natürlich nur auf die geistige Seite des Staates beziehen kann, die für uns aus diesem Vergleiche ausscheidet. In dieser Beziehung geht Schäffle gewiss tiefer, wenn er gerade hier das Ende der Analogie des Organismus sieht [4].

Unter Thieren und Pflanzen ist der Organismus am vollkommensten, in dem die Glieder dem Dienst des Ganzen die grössten Opfer an Selbständigkeit zu bringen haben. Mit diesem Maasse gemessen, ist der Staat der Menschen ein äusserst unvollkommener Organismus, denn seine Glieder bewahren sich eine Selbständigkeit, wie sie schon bei niederen Pflanzen und Thieren nicht mehr vorkommt. Es gibt Algen und Schwämme, die als organisirte Wesen ebenso hoch stehen wie der Staat der Menschen. Hier läge ein Angriffspunkt für die Gegner der organischen Auffassung, der noch auszunützen wäre. Es würde sich allerdings bald ergeben, dass die klassische Bezeichnung des Staates als Mensch und des Menschen als Staat irreführt. Was diese als Organismus so unvollkommene Vereinigung von Menschen, die wir Staat nennen, zu so gewaltigen, einzigen Leistungen befähigt, das ist eben das von SCHÄFFLE so stark betonte Eigenartige, dass es ein geistiger und sittlicher Organismus ist. Der geistige Zusammenhang tritt in die Lücke der thierischen Organisation und darauf passt allerdings dann kein biologischer Vergleich mehr. Was den Organismus geistig führt und leitet, das ist eben das über die Welt der übrigen Organismen hinausliegende. Es ist aber ganz begreiflich, dass die Biologen, die sich mit der organischen Natur des Staates beschäftigen, gerade für die morphologischen und biogeographischen Eigenthümlichkeiten des politischen Organismus ein schärferes Auge haben[5]). Steht ihnen doch die unendliche Mannigfaltigkeit der pflanzlichen und thierischen Organismen zu Gebote, in der sie leichter für die Besonderheiten des Staates der Menschen das Vergleichsmaterial finden werden, als die Sociologen, die nur diesen einen Organismus genau kennen. Sie werden sofort den aggregatartigen Charakter des Staates der Menschen, und zugleich aber seine starke Centralisation hervorheben. Sie würden ihn vielleicht als einen Aggregat-Organismus mit ungewöhnlich stark entwickeltem Centralorgan bezeichnen. Für den Zoologen ist ja der Staat nur eine von den Formen der Beziehungen zwischen Individuen derselben Art, ausgezeichnet vor anderen durch den geringeren Grad wechselseitiger Abhängigkeit. Wo er keinen körperlichen Zusammenhang sieht, wird er den räumlichen durch die gemeinsame Lebensgrundlage gegebenen um so stärker betonen. Auch wird er die in der Bildung der Thierstaaten entscheidenden Motive des Geschlechtslebens zwar im Keim des Staates, dem Hausstand, nicht aber im entwickelten Staate finden. Und wenn auf den ersten Blick der Ursprung des Vergleiches zwischen Staat und Organismus in der Vereinigung einer Anzahl von Einzelorganismen zu gemeinsamen Leistungen liegt, die an die Einzelnen und Gruppen nach dem Gesetz der Arbeitstheilung vertheilt sind und differenzierend auf sie wirken, so ergiebt sich doch bald ein grosser tiefgehender Unterschied in der Art dieser Differenzierung, die in der organischen Grundlage des Staates vom Boden, in der geistigen Organisation des Staates aber von der Vertheilung und Richtung der Funktionen abhängt.

Die Elemente des staatlichen Organismus.

Nicht der einzelne Mensch, sondern der Hausstand gewähr-
leistet die wichtigste aller Eigenschaften des Staates, die Dauer.
Mit dieser ist die Ausbreitung mit gleichartigen Eigenschaften über
ein weites Gebiet hin eng verknüpft, d. h. mit dem zeitlichen der
räumliche Zusammenhang. Im Hausstand erneuern sich ununterbrochen die Generationen, von hier geht die Möglichkeit aus, im
Staat die Erwerbungen und Erfahrungen der aufeinanderfolgenden
Geschlechter anzusammeln und seine Träger nicht nur zu erneuern
sondern auch zu vermehren. Für die Entwickelung des Staates ist
die Sicherstellung seiner Dauer im Hausstand die Lebensfrage. Ob
dieser nun monogamisch oder polygamisch, ob auf Einzel- oder
Stammesbesitz begründet ist, ändert daran nichts. Man wird vom
Staat der Menschen nicht sagen wie vom Thierstaat, dass der Aus-
gangspunkt für die Staatenbildung das Geschlechtsleben sei. In dieser
Beziehung ist vielmehr der Thierstaat nur in Parallele zu setzen mit
dem Hausstand der Menschen. Denn auch im Thierstaat stehen der
Geschlechtstrieb und der Trieb der Sorge für die junge Brut im
Vordergrund. Alle Insektenstaaten sind auf der letzteren aufgebaut.
Aber im menschlichen Staat sind diese Sorgen dem Hausstand zu-
gewiesen und der Staat hat mit ihnen nur auf jenen untersten, weit
zurückliegenden Stufen zu thun, wo er mit dem Hausstand zusammen-
fällt. Nur hier ist die Uebereinstimmung mit dem Thierstaat deutlich,
allerdings immer nur im Rahmen des Aggregat-Organismus, dessen
Glieder sich auch den Zwecken der Fortpflanzung gegenüber selbständig erhalten.

In dieser Beschaffenheit des staatlichen Organismus liegt die
grosse Bedeutung der Einzelmenschen, deren natürliche Uebereinstimmung über alle Unterschiede der Hausstände und sonstigen
Gruppen sich geltend und alle diese Abgliederungen ähnlich macht,
aus allem Zerfall und allen Verwandlungen ähnliche wieder hervorruft.
Die Menschen gehen aus einem Theile des Landes in andere Theile
über und vertauschen eine Leistung für den Staat mit der anderen.
Nur die Bodenunterschiede, aus denen verschiedenartige Beziehungen
zu den Bewohnern entstehen, erzeugen durch Abstufungen der Lage,
Zusammendrängung und Verbindung etwas, was mit Organbildung

verglichen werden könnte. So kommt es, dass man sich in der geographischen Beschreibung eines Landes viel leichter der Vergleichung mit einem Organsystem bedient, von peripherischen und centralen Provinzen und dergleichen spricht als in einer ethnographischen Darstellung.

Ruht der Staat auf der organischen Verbindung der Menschen mit dem Boden, so ist damit doch mehr als seine Grundlage gegeben. Seine Grösse und Gestalt, wie sie durch die Grenzen bestimmt sind, gehen allerdings nicht aus dieser Grundlage hervor, sondern werden in sie hineingetragen, aber nicht ohne von Anfang an den Einfluss der Unterlage zu erfahren. Religiöse und nationale Motive, geschichtliche Erinnerungen und nicht zum wenigsten der mächtige Wille eines Einzelnen wirken staatenbildend. Leitende Gedanken bemächtigen sich der Geister und lenken den Willen aller der Einzelmenschen eines bestimmten Gebietes; und soweit nun diese leitenden Gedanken reichen, reicht auch der Staat. Hat er ·sich aber einmal seine Grenze gezogen, dann sind die Vorgänge der Abschliessung, der Ausbreitung, des Austausches an dieser Grenze und über diese Grenze genau wie in der Peripherie eines zusammengesetzten Organismus. Und so ist denn in allen Lebensäusserungen des Staates der geistige Zusammenhang aus der körperlichen Grundlage heraus wirksam und dadurch ist der Organismus im Staat eine Wirklichkeit ebenso gut wie die geistige Gemeinschaft es ist. Allein in diesem Sinne, aber nur in diesem, hat auch der alte Doppelvergleich: Der Mensch ein Staat, der Staat ein Mensch noch eine gewisse Berechtigung. Dass in das Geistige des Staates von dieser organischen und Bodengrundlage sehr viel eingeht, zeigt die ganze Staatenentwickelung. Es giebt eine kleinräumige Auffassung des Staates, die auf engen Flächen gedeiht, und eine grossräumige, die in weiten Ländern heimisch ist. Selbst in die innerafrikanischen Kleinstaaten wird das räumliche Wachsthum von aussen herein durch fremde Eroberer mit grossen Raumgedanken getragen und die grössten afrikanischen Staaten waren (vor der Zeit der europäischen Kolonien auf afrikanischem Boden) Gründungen von grossräumigen Steppenbewohnern auf dem engeren Boden der Ackerbauer. · So schöpfen die Amerikaner aus ihrem weiten, kaum bewältigten Erdtheil eine Auffassung von politischen Räumen die grösser ist, als die euro-

päische und in Europa wohnt eine grössere Auffassung im Osten als
im Westen. Der Raum in diesem Sinn geht in den Geist der Völker
über und wirkt ganz losgelöst von den örtlichen Bedingungen als
»Raum an sich« und »politischer Raumsinn« in Einzelnen und in
ganzen Völkern. Ebenso geht die Lage und gehen andere natürliche Eigenthümlichkeiten in den Geist des Volkes über, das unter
ihrem Einflusse sich entwickelt.

Den Thierstaaten und -Gesellschaften ist die engere Beziehung zum Boden durchaus nicht fremd und zwar in Formen, die lehrreich für das
Verständniss der menschlichen Staaten sind. Einmal bilden bei Bibern,
Murmelthieren und ähnlichen diejenigen Thiere eine Gesellschaft, deren
Baue beisammen liegen. Ein mehr oder weniger grosses Gebiet empfängt
dadurch einen besonderen Charakter. Der Termitenbau gehört ja selbst
im topographischen Sinn so gut zur Erdoberfläche wie die Mauern und
Thürme einer Stadt. In anderer Weise erinnert an den territorialen Staat
die Herrschaft über ein Gebiet, wie sie einzelne Raubthiere beanspruchen,
die ihre wettbewerbenden Artgenossen aus einem bestimmten Raume ver-
treiben. Das finden wir nicht nur bei Einzelnen, sondern auch bei Gesellschaften. So schreibt Brehm: Die meisten Affen schlagen sich in Banden
zusammen; von diesen erwählt sich jede einzelne ihren festen Wohnsitz,
welcher grösseren oder geringeren Umfang haben kann. Von ihm aus werden dann Raubzüge nach Früchten in Gärten und Feldern unternommen. Dass
diese festen Wohnplätze mit Rücksicht auf den Schutz gewählt werden, den
sie gewähren, vermehrt noch die Aehnlichkeit der ganzen Einrichtung mit
der Grundlage des territorialen Staates, besonders wenn wir Geschlecht auf
Geschlecht von diesen selben Stätten aus dieselben Gebiete ausbeuten sehen.

Die Grenze des Organismus im Staat.

Auch die Entwickelung des Staates ist einmal die Einwurzelung
durch die Arbeit der Einzelnen und der Gesammtheit auf dem gemeinsamen Boden und dann die Herausbildung der geistigen Zusammenfassung aller Bewohner mit dem Boden auf ein gemeinsames
Ziel hin. Jene ist die Entwickelung des Organismus, dieses die der ihn
leitenden geistigen Kräfte. In dem kleinen Dorfstaat der Neger der
auf einer gerade für Anbau und Schutz eben genügenden Fläche sich
behauptet, über die er ohne äusseren Anstoss sich nicht hinausverbrei-
tet, ist fast nur das organische Wachsthum thätig. Sobald durch den
Einfluss eines mit Zauberkräften oder expansiver Energie ausgestatteten Häuptlings oder durch die ausgreifende Handelsthätigkeit der
Eingeborenen dieser Staat wächst, der einer Keimzelle glich, kon-

men die geistigen Kräfte in zunehmendem Maasse in Wirksamkeit. So passt also die Definition des Staates als Organismus mehr auf die primitiven als auf die fortgeschrittenen Staaten. Je höher ein Staat entwickelt ist, desto weiter ist er von einem Organismus entfernt, denn seine ganze Entwickelung ist ja ein Herauswachsen aus der organischen Grundlage.

Hat man einmal gefunden, dass der Staat als Organismus neben anderen Organismen höchst unvollkommen ist und dass erst die geistigen und sittlichen Mächte, die ihn durchwalten, diese Unvollkommenheit aufheben, dann wird man die Kritik nicht auf die Erkenntniss eines Organismus im Staat an und für sich, sondern vielmehr auf die Grenze des Organismus im Staate richten. Von einer solchen Kritik ist nun allerdings nur eine Vermuthung zu finden in der eingehenden Prüfung der Anwendung der Biologie auf die Gesellschafts- und Staatslehre, die Menger in einem besonderen Kapitel seiner Untersuchungen über die Methode der Staatswissenschaft [6]) anstellt. Wohl weist sie darauf hin, dass nur ein Theil der Socialerscheinungen eine Analogie mit den natürlichen Organismen aufweist. Wenn sie aber weiter sagt, die Analogie sei da, wo sie vorkommt, nicht vollständig, so trifft das eben nicht die Grundthatsache, dass der Mensch als organisches Wesen sich zu organischen Aggregaten sammelt und zu organisirten Gesellschaften und Staaten entwickelt. Carey war der Erkenntniss schon viel früher nahegekommen, dass die Vollkommenheit des Staates mit seiner Unvollkommenheit als Organismus eng zusammenhänge. Für ihn ist ja die Anziehungskraft örtlicher Mittelpunkte die grosse Bedingung der Gesundheit der Staaten. »Was decentralisierend wirkt, was die Schaffung örtlicher Verwendung von Zeit und Talent begünstigt, giebt dem Land Werth, befördert seine Theilung und befähigt die Glieder der Familien engere Berührung zu bewahren«. [7]) Sein Vergleich grösserer Gemeinschaften mit Planetensystemen, in denen diese lokale Anziehung der anziehenden Kraft eines Centralkörpers untergeordnet ist, kann nur als Bild angenommen werden, wenn er ihm auch einen höheren Rang zuweisen will. Sein Schluss: »Je vollständiger die örtliche Anziehung der des Mittelpunktes das Gleichgewicht hält, d. h. je mehr die Gesellschaft sich den Gesetzen anpasst, die unsere Weltsysteme regieren, desto harmonischer muss die Thätigkeit aller Theile sein«, ist nur eine ganz allgemeine Wahrheit. Mit diesem Bilde hat schon der weitere Schluss nichts zu thun: Je vollkommener die Organisation der Gesellschaft und je grösser die Verschiedenartigkeit der Anforderungen an die Uebung der Geistes- und Körperkräfte, desto höher wird sich der Mensch als ein Ganzes erheben und desto schärfer werden die Gegensätze unter den Menschen werden. Die Weltsysteme sind unendlich einfach im Vergleich mit dieser höchst differenzirten Gesellschaft. Der Vergleich reicht nur bis zum inneren Gleichgewicht und es ist wunderbar, dass Carey vom Organismus des Staates zum Planetensystem übergeht, ohne zu betonen, dass in diesem Vergleiche eben die Unvollkommenheit des Staates als Organismus offen liegt.

Organismus ist auch für Schaffle nur die relativ beste aller bildlichen Bezeichnungen des Staates.*) Ein Stützpunkt der Staatslehre kann aber nach seiner Auffassung dieser Vergleich nicht werden. Man wird ihm Recht geben müssen, wenn er sagt, der Staat sei nicht Erscheinung des organischen, sondern des neuartigen socialen Lebens. Sicherlich erschöpft die Bezeichnung »Organismus« nicht das ganze Wesen des Staates. Aber so wie es nicht die göttliche Seele des Menschen läugnen heisst wenn man sagt, der Mensch sei ein organisches Wesen, so ist mit der Bezeichnung Organismus des Staates nicht ausgeschlossen, dass der Staat ein sittlicher Organismus sei. Dass dieses Bild die Vorstellung erwecken kann, es wolle Höheres aus dem Niederen gedeutet werden, bildet kein Hinderniss. Theilauffassungen sind für die Erkenntniss unentbehrlich, kein Problem wird gleich in seiner Ganzheit bewältigt. So ist auch unsere geographische Auffassung des Staates unvollständig, aber sie ist es mit dem Bewusstsein, sich auf das beschränken zu müssen, was am Staat geographisch ist. Für uns bedeutet daher der Organismus des Staates mehr als ein Bild, nämlich eine mit allen Mitteln der geographischen Wissenschaft und Kunst erforschbare und darstellbare Thatsache. Auch in Herbert Spencers langen Kapiteln über die Uebereinstimmungen zwischen »body politic«, »political organization« und dgl. und einem Organismus und die daraus entfliessende Nothwendigkeit sich zum Studium der sozialen Organisation durch das Studium individueller Organismen vorzubereiten, findet man nur ein Schema von sozialer Organisation. Es muthet uns wie ein leeres Balkengerüst an, aus dem wir keinen Thurm hervorwachsen sehen. Die specifischen Eigenschaften der Organismen, die durch die Verbindung grösserer Menschenzahlen auf einem gemeinsamen Raum und zu einem gemeinsamen Zweck entstehen, studiert dieser Philosoph so wenig wie irgend einer seiner Vorgänger. Man kann sich keinen treffenderen Beleg denken für Spencers Haften an Abstraktionen und für die Verwechselung des warmen Lebens mit starren Systemen und Abrissen als dieses Uebersehen einer so wesentlichen Eigenschaft der staatlichen Organismen, wie es das Haften am Boden ist. Es ist doch gerade als wenn Jemand ein Korallenriff beschriebe und vergässe dabei, dass die Korallenthierchen durch ihre Kalkgehäuse mit einander und mit dem Boden zu einem Ganzen verbunden sind, einem Riff oder einer Insel, das etwas Neues ist und doch nur aus den alten Elementen besteht. Es ist sehr bezeichnend für das vollkommene Fehlen der geographischen Auffassung bei Spencer, dass er als ein mögliches Argument für die organische Natur der Gesellschaft den engen Zusammenhang der Menschen mit ihren Hausthieren und Culturpflanzen zulässt, um den Gegner zu widerlegen, der die enge Vereinigung der Einzelwesen im thierischen oder pflanzlichen Organismus der Zusammenhangslosigkeit der Einzelwesen der menschlichen Gesellschaft gegenüberstellt. Der zusammenhängende Körper eines Thieres bestehe nie durchaus aus lebendigen Einzelwesen, sondern immer zu einem grossen Theile aus differenzirten Theilen, die durch die lebendigen gebildet, aber mit der Zeit halb lebendig oder unlebendig geworden seien. Aehnlich könne man die menschlichen Wesen mit diesen ihnen gesellten thierischen und pflanzlichen zusammenfassen, die denselben Boden wie die menschliche Gesellschaft bewohnen. Es entstehe daraus ein Aggregat, dessen Zusammenhang (Continuität) dem eines individuellen Organismus näherkomme. Wie künstlich! Spencer widmet sehr viel Aufmerksamkeit den allgemeinen organischen Eigenschaften der menschlichen Gesellschaften und Staaten. Als solche beschreibt er die wechselseitige Abhängigkeit der Theile, den Austausch zwischen ihnen und die Theilung der Arbeit. Dann geht er sogleich zum Studium der Einzelmenschen über, die mit den Gesetzen der Veränderlichkeit und Vererbung, der Vermehrung im Verhältniss zu den Nahrungsmitteln, des Ueberlebens des Passendsten in die Gesellschaft und den Staat eintreten. Daher sind diese denselben Gesetzen unterworfen. Wenn man aber glaubt, das biologische Grundgesetz der Anpassung jeder Art von Organismus an seine Daseinsbedingungen werde endlich auf die Beziehungen der politischen Organisationen zu ihrem Boden führen, so täuscht man sich. Spencer streift nur die natürlichen Daseinsbedingungen, um zu den sozialen überzugehen, die er allein eingehend betrachtet, wie denn seine ganze Darlegung die staatlichen Organismen hinter den gesellschaftlichen zurücktreten lässt.

Die Bedeutung des Bodens für die organische Auffassung des Staates und die nothwendigen Schranken dieser Auffassung.

Wenn so viele Versuche, wissenschaftlich an den Staat als Organismus heranzukommen, so wenig Früchte getragen haben, so liegt die Hauptursache in der Beschränkung der Betrachtung auf die Analogien zwischen einem Aggregate von Menschen und dem Bau eines organischen Wesens, das als Organismus hoch über dem Staat der Menschen steht. Alles was sich in jenem Aggregat auf die wechselseitige Abhängigkeit der Einzelnen von einander und auf den Austausch und Verkehr zwischen ihnen bezieht, tritt dabei in die vordere Reihe. Es sind die Strukturverhältnisse, die dabei immer wieder von Neuem verglichen werden. Aber in ihnen gerade liegt der auffallendste Unterschied zwischen dem Staat der Menschen und einem organischen Wesen. Dort das individualisierteste Erzeugniss der Schöpfung, der Mensch, der keine Faser und keine Zelle von seiner Wesenheit dem Ganzen opfert, dem er sich eingliedert, in dem alle Theile einander gleich sind und jeden Augenblick als selbständige Geschöpfe sich aus ihm wieder herauslösen können. Dagegen im Organismus eine Unterordnung des Theiles unter das Ganze, die dem Theile irgend etwas von seiner Selbständigkeit nimmt und es im Interesse des Ganzen umgestaltet. Das vollkommenste

Thier zeigt die Elemente, aus denen es sich aufbaut in der denkbar grössten Abhängigkeit und Unselbständigkeit, der vollkommenste Staat ist der, dessen Bürger ihre Individualität am reichsten im Dienste des Staates ausbilden. Selbst in den Thierstaaten begegnen wir der Umwandlung der ursprünglich gleichen Glieder in weit voneinander verschiedene Werkzeuge. Man konnte einmal glauben, in den Sklavenstaaten mit rassenhaft verschiedener Bevölkerung eine Annäherung an solche Organisationen zu erblicken. Dort zwang ja eine höher begabte Rasse eine anscheinend niedriger angelegte für sie zu arbeiten. Aber die Sklaverei ist nun gerade in allen den Ländern aufgehoben, wo die weitest verschiedenen Rassen, die weisse und die schwarze, sich in dieser Weise über einander geschichtet hatten. Und wenn auch die freigelassenen Schwarzen immer im Allgemeinen tiefer stehen werden als ihre weissen Mitbürger, wird doch nie mehr von einer scharfen Vertheilung der Rassen nach ihren Funktionen im socialen Organismus die Rede sein können und noch weniger von einer noch weitergehenden Sonderentwicklung als Träger dieser Funktionen. Auch hier hat der Mensch sein von dem Maass der Begabung unabhängiges Recht des Individuums zurückerworben, das er nach der Lage der Sache niemals hätte verlieren sollen. Wir werden sehen, dass ebendesshalb von Organen des Staatsorganismus nur in einem beschränkten Sinne und zwar mehr mit Bezug auf den Boden des Staates als auf die Menschen gesprochen werden kann.

So finden wir denn in allen Gesellschaften der Menschen immer das Individuum wieder und erkennen gerade darin ein Hauptmerkmal ihrer Staaten, dass ihrer Organisation die Selbständigkeit der Individuen Schranken zieht. Das stofflich Zusammenhängende am Staat ist aber nur der Boden und daher denn die starke Neigung, auf ihn vor allem die politische Organisation zu stützen, als ob er die immer getrennt bleibenden Menschen zusammenzwingen könnte. Der Neigung, die Bewohner eines Staates so eng wie möglich zusammenzubringen, entspringt auf niederer Stufe, die Vereinigung aller um den Häuptling im Mittelpunkt des Ländchens und auf höheren der Stadtstaat der Semiten und Griechen, der auch später noch oft wiedergekehrt ist. Aber auch diese Zusammendrängung ändert nichts am Wesen der Zusammensetzung des Staatsorganismus aus Individuen, die ihrer Selbständigkeit immer nur vorübergehend sich begeben, die immer beweglich bleiben, immer die Fähigkeit bewahren, sich bunt durcheinander zu schieben und über weite Entfernungen hin zu wandern. Je grösser die Möglichkeit des Auseinanderfallens, desto wichtiger also der Boden, in dem sowohl die zusammenhängende Grundlage des Staates als auch das einzige greifbare Zeugniss seiner Einheit gegeben ist.

Ein zweiter Zusammenhang mit dem Boden ist geistiger Natur. Er liegt in der ererbten Gewohnheit des Zusammenlebens, in der gemeinsamen Arbeit und im Bedürfniss des Schutzes gegen aussen. Jene erweitert sich bis zu dem Nationalbewusstsein, das Millionen von Menschen zusammenhält; aus der gemeinsamen Arbeit wachsen die zusammenhaltenden wirthschaftlichen Sonderinteressen der Staaten hervor; und das Schutzbedürfniss giebt einem Herrscher die Macht, den Zusammenhalt aller Bewohner eines Staates zu erzwingen Aber auch dieser Zusammenhang zieht viel von seiner Nahrung aus dem Boden. Der Boden ist nicht bloss der Schauplatz und Gegenstand der gemeinsamen Arbeit, sondern aus ihm kommen die Früchte dieser Arbeit, die von seiner Güte und Ausdehnung wesentlich abhängen. Die Gewohnheit des Zusammenlebens verbindet nicht bloss die Glieder eines Volkes miteinander, sondern auch mit dem Boden, in den die Reste der vergangenen Geschlechter gebettet sind. Es entwickeln sich daraus religiöse Beziehungen zu heiligen Orten, die oft viel stärkere Bande weben als die einfache Gewohnheit oder die gemeinsame Arbeit. Und das Schutzbedürfniss umgiebt das Land mit festen Grenzen und baut feste Orte, deren nächster Zweck die Festhaltung des Bodens ist, und die dem Boden selbst angehören.

Die geographische Auffassung des Staates.

Der Mensch ist also nicht ohne den Erdboden denkbar und so auch nicht das grösste Werk des Menschen auf der Erde, der Staat. Wenn wir von einem Staate reden, meinen wir gerade wie bei einer Stadt oder einem Weg immer ein Stück Menschheit und ein menschliches Werk und zugleich ein Stück Erdboden. Die beiden gehören nothwendig zusammen. Der Staat muss vom Boden leben. Die Staatswissenschaft spricht das etwas verblasst aus, wenn sie sagt: Das Gebiet gehört zum Wesen des Staates. Sie bezeichnet die Souveränität als das Jus territoriale und legt die Regel nieder, dass Gebietsveränderungen nur durch Gesetze vorgenommen werden können. Das Leben der Staaten lehrt uns aber viel engere Beziehungen kennen. Wir sehen im Laufe der Geschichte alle politischen Kräfte sich des Bodens bemächtigen und dadurch staatenbildend werden. Stände und Gesellschaften, Handel und Religion schöpfen aus dieser Quelle politischer Macht und Dauerhaftigkeit und werden dadurch staatenbildend. In unserem Jahrhundert drängen sich dazu die nationalen Ideen heran. In der Formel: Die Deutschen fühlten das Bedürfniss, eine politische Form für ihre Gesammtheit zu schaffen, liegt der Sinn: sie strebten nach territorialer Zusammenschliessung und Abgrenzung, um sich einen sicheren eigenen Boden zu wahren. So wird uns denn der Staat zu einem Organismus, in den ein bestimmter Theil der Erdoberfläche so mit eingeht, dass sich die Eigenschaften des Staates aus denen des Volkes und des Bodens zusammensetzen. Die wichtigsten davon sind die Grösse, Lage und Grenzen, dann Art und Form des Bodens sammt seiner Bewachsung und seinen Gewässern, und endlich sein Verhältniss zu anderen Theilen der Erdoberfläche. Dazu rechnen wir vor allem das Meer und auch selbst die unbewohnbaren, (anökumenischen) Gebiete, denen auf den ersten Blick gar kein politisches Interesse innewohnt. Sie alle bilden zusammen »das Land«. Sprechen wir aber von »unserem Land«, so verbindet sich in unserer Vorstellung mit dieser natürlichen Grundlage alles, was der Mensch darin und darauf geschaffen und von Erinnerungen gleichsam hineingegraben hat. Und so erfüllt sich der ursprünglich rein geographische Begriff nicht bloss mit politischem Inhalt, sondern er geht eine geistige und gemüthliche Verbindung mit uns, seinen Bewohnern und mit unserer ganzen Geschichte ein.

Der Staat ist uns nicht ein Organismus bloss weil er eine Verbindung des lebendigen Volkes mit dem starren Boden ist, sondern weil diese Verbindung sich durch Wechselwirkung so sehr befestigt, dass beide eins werden und nicht mehr auseinandergelöst gedacht werden können, ohne dass das Leben entflieht. Boden und Volk tragen beide zu diesem Resultate in dem Maasse bei, als sie die Eigenschaften besitzen, die nothwendig sind, wenn eines auf das andere wirken soll. Ein unbewohnbarer Boden nährt keinen Staat.

2*

er ist ein geschichtliches Brachfeld. Wir finden in Arabien, also
hart neben grossen Staaten, Landschaften die in alter und neuer
Zeit keine Staaten getragen und keine geschichtliche Bedeutung gewonnen haben. Ein bewohnbarer und natürlich umgrenzter Boden
begünstigt dagegen die Staaten-Entwickelung. Ist eine Volksindivi-
dualität natürlich in ihrem Gebiete begründet, so ersteht sie immer
wieder neu mit den Eigenschaften, die aus ihrem Boden heraus in
sie eingehen. Oft kommt dieses Naturgebiet erst im Rückschwanken
der geschichtlichen Welle zur rechten Geltung, wie Griechenland
und Italien in ihre natürlichen Gebiete aus Weltstellungen zurück-
gekehrt sind und ein beschränkteres organisches Wachsthum neu begonnen haben. Das Gefühl des Zusammenhanges mit dem Boden ist
auch nirgends so stark wie dort, wo der Boden so gut begrenzt und
dadurch so scharf individualisirt ist wie möglich, also in Inselländern,
in deren Bewohnern ebendesshalb der kräftigste Nationalsinn gedeiht.

Fig. 1.

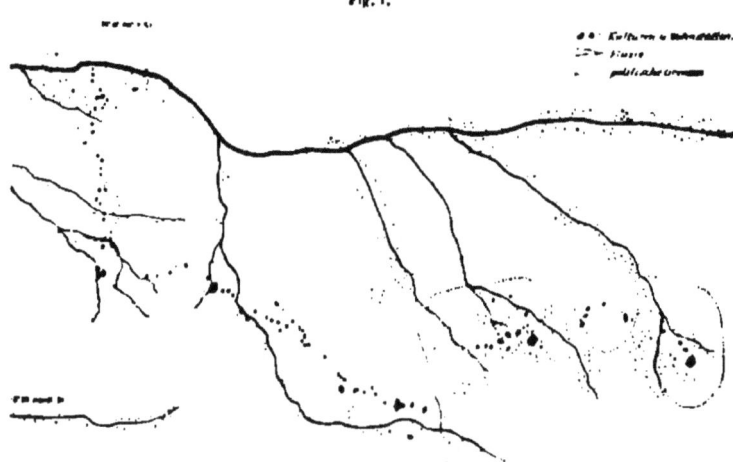

Südliche Sandehstaaten im Stromgebiet des Benohandi. Nach Junann's Aufnahmen. Verkl. 750,000.

So ist denn auch die Entwickelung jedes Staates eine fortschreitende Organisation des Bodens durch immer engere Verbindung mit
dem Volk. Wächst auf gleichem Raum die Volkszahl, so vermehren
sich die Verbindungsfäden zwischen Volk und Boden, die natürlichen
Hilfsquellen werden immer mehr entwickelt und vergrössern die
Macht des Volkes, das aber auch in demselben Maasse von seinem
Boden abhängiger wird. Je mehr Boden, desto lockerer der Zu-

sammenhang seines Volkes mit ihm. Der Unterschied zwischen dem
Staate eines Culturvolkes und eines barbarischen liegt immer darin,
dass dort diese Organisation viel weiter vorgeschritten ist als hier.
Wenn wir die Karte eines Negerstaats zeichnen, ist es das einfache
Bild eines Elementarorganismus: Das Dorf des Häuptlings im Mittel-
punkt, rings umher Dörfchen in Garten- und Ackerstücken und dar-
über hinaus die Grenzwildniss, durch die ein Pfad oder zwei in die
Nachbargebiete führen. Welcher Abstand auch schon von der ab-
gekürzten und zusammengedrängten Generalkarte irgend eines ganz
unbedeutenden europäischen Staates mit seinen kleinen und grossen
Siedelungen, Grenz- und Hauptstädten, Festungen, Wege-, Canal- und
Bahnnetzen.

Und doch ist diess nur das Schema des lebendigen Körpers,
das gar nichts von der politischen Idee ahnen lässt, die ihn be-
seelt. Auch diese hat ihre Entwickelung. In jenem einfachen
Staat ist diese Idee
wohl nur ein Herr-
scherwille und so
vergänglich wie ein
Menschenleben. in
diesem Kulturstaat ist
das ganze Volk ihr
Träger. Damit er-
neuert die Seele des
Staats unablässig ihr
Leben wie die Ge-
nerationen aufeinan-
der folgen. Die kräf-
tigsten Staaten sind
die, wo die politische
Idee den ganzen
Staatskörper bis in
alle Theile erfüllt.

Fig. 2.

Gebiet des Häuptlings Mtemi in Unjamwesi. Nach Jennere Aufnahmen.
Verkl. ca. 845,000.

Theile, wo die Idee, die Seele nicht hinwirkt, fallen ab und zwei
Seelen zerreissen den Zusammenhang eines politischen Leibes. Man
hat die Politik als den Geist eines Staates oder die geistige Individualität bezeichnet, die ihn kennzeichnet. Das ist nicht erschöpfend

genug. In der eidgenössischen Idee, die aus sehr verschiedenen
Völker- und Staatenfragmenten die Schweiz gebildet hat, liegt z. B.
viel mehr als nur die Politik der Eidgenossenschaft. Es liegt darin
das ganze Verhältniss der Schweizer zu ihrem Lande und aus der
geographischen Grundlage saugt diese Idee einen grossen Theil der
Kraft, mit der jede starke politische Idee gleich einer starken Seele
auch den schwachen Körper belebt.

In der politischen Idee ist immer nicht bloss das Volk, sondern
auch sein Land. Auf einem Boden kann daher auch immer nur Eine
politische Macht so aufwachsen, dass sie den ganzen politischen Werth
dieses Bodens in sich aufnimmt. Was andere Mächte aus demselben
Boden ziehen, muss ihr verloren gehen. Es ist nicht wie das Aufwachsen der Eiche, unter deren Krone noch so manches Gras und
Kraut gedeiht. Der Staat kann ohne Schwächung seiner selbst keinen zweiten und dritten auf seinem Boden dulden. Daher im alten
deutschen Reich der Zerfall von dem Augenblick, wo die Reichs-
beamten ihre Güter zu besonderen Staaten im Rahmen des Reiches
ausbildeten. Indem sie ihre Macht auf dem Boden ihres Amtsgutes
oder Erbgutes lokalisierten und erblich machten, d. h. einpflanzten,
ging dieser Boden dem Reich verloren. Diess war der Zerfall, der
zwischen das Reich und seinen Boden neue Staaten einschob, die
bewirkten, dass jenes endlich seine Verbindung mit dem Boden verlor und in der Luft schwebte. Je einfacher und unmittelbarer der
Zusammenhang des Staates mit seinem Boden, desto gesunder ist
jederzeit sein Leben und Wachsthum. Vorzüglich gehört dazu auch,
dass mindestens die Mehrzahl der Bevölkerung des Staates eine Verbindung mit ihrem Boden, der auch der seine ist, bewahrt habe.
Verlieren immer mehr Bewohner eines Staates ihren Zusammenhang
mit seinem Boden, so wird das Gedeihen des Staates zurückgehen
müssen. In die Geschichte eines Volkes, dem es gelungen ist, Jahrhunderte auf gleichem Boden seinen Staat zusammen zu halten,
prägt diese unveränderliche Grundlage sich so tief ein, dass es nicht
mehr möglich ist, dieses Volk ohne seinen Boden zu denken. Die
Holländer ohne Holland, die Schweizer ohne die Alpen, die Monte-
negriner ohne die Schwarzen Berge, selbst die Franzosen ohne
Frankreich, wie ist das denkbar? Die Athener in ihrem kleinen,
in jedem Winkel ihnen bekannten, von ihnen politisch seit Jahr-

hunderten verwertheten Lande vermochten wohl den Satz zu verstehen, dass der Mensch und der Staat nur dem Umfange nach
verschieden seien. In Völkern raschen Wachsthums und über-
raschender Wandlungen sind die festen Grundlagen des Bodens
doppelt beachtenswerth. Und könnte die Geschichte eines Staates
in so hohem Maasse die Lehrmeisterin seiner Politik sein, wenn
nicht die Continuität des Bodens wäre? Die Eigenschaften des
Bodens wirken über viele Aenderungen des Volkes hinaus und treten immer als die gleichen unter den verschiedensten Gewändern
hervor. Daher wird der Blick, der von den wechselnden Zuständen
des Volkes sich auf den Boden richtet, von selbst zum Fernblick.
Gerade darin unterscheidet sich die politische Geographie von der
politischen Geschichte, dass sie durch die Betonung des Unveränder-
lichen und Unverwüstlichen, das dem Boden eigen ist, auch eine
Richtung auf das Werdende empfängt. Die Politik, die dem wachsenden Volke den unentbehrlichen Boden für die Zukunft sichert,
weil sie die ferneren Ziele erkennt, denen der Staat zutreibt, ist
eine ächtere »Realpolitik« als die, die sich diesen Namen beilegt,
weil sie nur das Greifbare vom Tag und für den Tag leistet.

Der Staat in der Biogeographie.

Die Verbreitung der Menschen und ihrer Werke auf der Erdoberfläche trägt alle Merkmale eines beweglichen Körpers, der im
Vorschreiten und Zurückweichen sich ausbreitet und sich zusammen-
zieht, neue Zusammenhänge bildet und alte zerreisst und dadurch
Formen annimmt, die mit denen anderer gesellig auftretender beweglicher Körper an der Erdoberfläche die grösste Aehnlichkeit
haben. In vielgebrauchten Bildern wie Völkermeer und Völker-
fluth, Völkerinsel, politische Insel, Isthmus²) und dgl. liegt eine
Ahnung dieser Aehnlichkeiten, an deren tiefere Begründung freilich
kaum von denen gedacht wird, die diese Ausdrücke verwenden.
Sie nehmen eine höhere Stelle in der Biogeographie ein, wo sie
aufhören Bilder zu sein und zu Kategorien werden. Für diese
Wissenschaft ist der Staat der Menschen eine Form der Verbreitung
des Lebens an der Erdoberfläche. Er steht unter denselben Einflüssen wie alles Leben. Wir haben grosse Staaten weder in den
Polargebieten sich bilden sehen, noch in den Wüsten, weder in den

Urwaldgebieten der Tropen, noch in den höchsten Gebirgen. Die besonderen Gesetze der Verbreitung der Menschen auf der Erde bestimmen auch die Verbreitung ihrer Staaten. Die Staaten haben sich mit den Menschen allmählich in alle Theile der Erde verbreitet und indem die Zahl der Menschen wuchs, haben auch die Staaten an Zahl und Grösse immer mehr zugenommen. Nicht jeder Boden hat sich ihnen gleich günstig erwiesen. Wir finden die grössten und mächtigsten Staaten in den gemässigten Zonen der Erde, in weiten Tiefländern, in Berührung mit dem Meer. Der Boden begünstigt oder hemmt ihr Wachsthum je nachdem er die Bewegung der Einzelnen und Familien begünstigt oder hemmt. Daher der Einfluss des beweglichen Wassers auf die Staatenentwickelung, die mit Vorliebe an Küsten und Flüssen sich ausbreitet und am besten dort gedeiht, wo die Natur ein Verkehrssystem selbst vorbereitet hat wie in grossen Stromgebieten. An dem einmal gewonnenen Boden haften tausend Einflüsse, die in die grossen Kategorien Raum, Lage, Gestalt und Grenzen nicht alle zu ordnen sind. Wie verschieden sie aber auch sein mögen, sie unterliegen mit dem Boden allen den grossen Gesetzen der Bewegung des Lebens an der Erde und zwar so, dass die Aehnlichkeit der Verbreitungsformen bis zur vollkommenen Uebereinstimmung sich steigert. Für die Grenzen haben wir es früher nachgewiesen[19]), indem wir sie als Ausdruck der Bewegung sowohl unorganischer als organischer, betrachteten. Für die elementaren Staatengebilde liegt die Uebereinstimmung mit einem Zellgewebe auf der Hand (Vgl. die Abbildungen S. 20 u. 21). Ueberall erkennt man hier die unabhängig von der inneren Struktur der staatlichen Organisationen aus der Verbindung mit dem Boden herauswirkenden Formähnlichkeiten aller zusammengesetzten Lebensgebilde. Für sie alle, ob Flechte, Koralle oder Mensch, ist ja diese Verbindung allgemeine Eigenschaft, Lebenseigenschaft, weil Lebensbedingung. Zwischen den Staaten an den Grenzen der Oekumene und denen in den Gebieten des kräftigsten Gedeihens der Völker weit von diesen Grenzen müssen Unterschiede bestehen, die der geographischen Vertheilung der Menschen entsprechen. Diese nehmen nach den Grenzen der Oekumene im Allgemeinen an Zahl ab, wobei der Boden immer mächtiger hervortritt. Die Staaten am Rande der Oekumene sind daher alle durch ein Uebergewicht des Bodens bei geringer Zahl der auf ihm woh-

nenden Menschen bezeichnet, was auch bei den Hochgebirgsstaaten
hervortritt. Ueberwältigte Verkehrsschwierigkeiten zeigen in Schweden und Russland wie in Sibirien und im Britischen Nordamerika
die Uebermacht des Bodens. Je weiter wir nun äquatorwärts fortschreiten, auf um so engerem Raum erwachsen die grossen Mächte
und um so politisch werthvoller wird der Boden, an dessen Besitznahme in den arktischen und antarktischen Gebieten, wo sie überhaupt versucht ward, kaum eine politische Folge sich knüpfen konnte.

Das Staatsgebiet.

Das Völkerrecht bezeichnet als das Gebiet eines Staates den
Theil der Erde, der der Herrschaft dieses Staates ausschliesslich
unterworfen ist. Es fasst bewohnte und unbewohnbare Länder
darin zusammen und dehnt das Gebiet auf unbestimmte Entfernung
in die Atmosphäre und in die Tiefe der Erde aus. Dass es den
Begriff des Staatsgebietes auch auf Dinge überträgt, die von dem
Boden des eigentlichen Gebietes losgelöst sind, wie Schiffe, Ge-
sandtschaften und dgl., passt nicht zu den üblichen Definitionen, mit
denen solche Dinge nur gezwungen zusammengebracht werden. Das
berührt die Geographie nicht, die dafur um so grösseres Gewicht auf
die Eigenschaften des Gebietes legt, die aus dem Leben des Staatsorganismus hervorgehen, der sich nie vollständig in die todten Grenzen eines abgemessenen Flächenraums bannen lässt. Dazu gehören
in erster Linie die Vor- oder Zurückschiebungen der eigentlichen
Grenze durch das Uebergreifen oder Zurücktreten des Staates, die
Nichtübereinstimmung der Zollgrenze mit der politischen Grenze, wie
sie in der Umschliessung Luxemburgs durch die Zollvereinsgrenze ver-
deutlicht wird, die freie Zone auf der Grenze zwischen Mexiko und
den Vereinigten Staaten, und das Recht beider Staaten über die Grenze
weg die räuberischen Indianerhorden auf die Nachbargebiete zu
verfolgen, die freien Durchgangslinien für gewisse Erzeugnisse der
Vereinigten Staaten im südlichen Neubraunschweig und viele ähnliche Erscheinungen. Auch das Aufsichtsrecht Oesterreichs über die
Küsten Montenegros, das ausschliessende Recht Russlands auf dem
Kaspischen Meere Kriegsschiffe zu halten[11]), wie auch alle die Be-
satzungs- und Besetzungsrechte eines Staates auf dem Gebiet eines
anderen gehören dazu. Im Grunde bedeutet auch die Unterstützung

des Baues der Gotthardbahn durch Deutschland und Italien, das
Hinüberreichen der Verkehrswege auf ein Nachbargebiet, das Recht
freier Schifffahrt eines Landes auf den Flüssen eines andern, ein
Hinausgreifen des Unternehmungstriebes über die Grenzen. Sieht
man, wie oft die politischen Grenzen solcher Ausdehnung der wirthschaftlichen gefolgt sind, wie sogar grosse Reiche durch Zolleinigung
sich gebildet oder vorgebildet haben, so erscheinen diese sog. Ausnahmen von der vertragsmässigen Grenze als im Wesen der Peripherie eines lebendigen Körpers tief begründet, ja nothwendig. Sie
scheinen nur der Grenze von ihrem Werth zu nehmen, indem sie
sie durchbrechen; in Wirklichkeit setzen sie das Wesen der Grenze
als peripherisches Organ eines lebendigen Körpers in das richtigste
Licht. Es entspricht der Natur dieses Körpers, da er organisch ist,
dass er die unorganischen Schranken der politischen Grenzlinien durchbricht, wo seine Lebensthätigkeit es verlangt. Daher eben jene »über-
greifenden Rechte« der Vereinigten Staaten auf Canal- und Fluss-
wegen und an Küstengewässern Britisch Nordamerikas oder zur Ver-
folgung räuberischer Indianer auf mexikanisches Gebiet[12]). Dass
nicht bloss ein einzelner Staat derart in das Gebiet eines Nachbar-
staates übergreift, sondern dass bestimmte Gebiete dem Verkehr
vieler oder aller Staaten zugänglich sind, wie Mündung und Unterlauf
schiffbarer Ströme oder ganze Stromgebiete, die vertragsmässig der
Schifffahrt Aller erschlossen sind, zeigt das vorauseilende Wachsthum
der Verkehrsgebiete, das noch über manche politische Grenze hinausgreifen wird, wie die wirthschaftliche Verschmelzung politisch
getrennter Gebiete so mancher politischen vorausgeschritten ist.

Das sind alles Uebergriffe und Vorsprünge, die aus dem politischen Wachsthum hervorgehen. Es ist klar, dass auch politischer
Rückgang Ansprüche in Gebieten zurücklassen wird, aus denen die
politische Herrschaft sich längst zurückgezogen hat. Um so mehr
als eine hinter uns liegende Entwickelung die scharfe Sonderung der
Gebiete nicht anstrebte, die der modernen Staatenbildung vorschwebt.
Das liegt in der Natur der Sache, dass solche Ueber- und Eingriffe
immer mehr zurückgehen. Es war die Weise des Mittelalters einzelne politische Funktionen einem Inhaber zu übertragen ohne Be-
einträchtigung der sonstigen Unabhängigkeit des Landes. Das im
17. Jahrhundert so viel genannte Markgraviat Oesterreichs im Elsass

bedeutete das Recht richterlicher Funktionen, ohne dass dadurch die territoriale Souveränität berührt worden wäre. Im alten Deutschen Reich verwaltete der König von Ungarn das Reichslehen Oesterreich, der von Spanien das Reichslehen Mailand, der von Dänemark das von Holstein. Noch der deutsche Bund kannte in Holstein, Lauenburg, Luxemburg und Limburg solche übergreifende Rechte. Frankreich hat sich ausser seinen Kolonialrechten in Indien noch die »Loges«, Handelsplätze in den verschiedensten indischen Städten vorbehalten, ebenso wie als letzten Rest seiner nordamerikanischen Besitzungen ein Paar kleine Inseln bei Neufundland und gewisse Rechte seiner Fischerboote an den Küsten dieser Insel.

Dass das Staatsgebiet immer Theile des der Küste zunächst gelegenen Meeres begreift, dessen Zugehörigkeit durch den paradoxen Ausdruck Mare territoriale näher bezeichnet wird, gehört in die gleiche Reihe politischer geographischer Thatsachen. Dieses Küstenmeer soll sich soweit hinaus erstrecken als das Meer vom Lande aus beherrscht werden kann. Früher hat man als geringstes Maass der Herrschaft die Tragweite am Strand aufgestellter Geschütze angenommen. Man ist aber auch weit darüberhinausgegangen und hat willkürlich die Grenze hinausgerückt, bis zu 100 Seemeilen. England und nach ihm die Vereinigten Staaten ziehen Gerade von Vorgebirg zu Vorgebirg und beanspruchen die innen liegenden Meerestheile als ihr Gebiet. Auf grosse Buchten, wie den Golf von Mexiko, ist natürlich diese Methode nicht auszudehnen; wohl ist aber von den Vereinigten Staaten der Versuch gemacht worden, ihr das Beringsmeer, also 2,3 Millionen Qkm., zu unterwerfen. Dieselben Staaten rücken die Zollgrenze 4 S.-M. über die Küste hinaus. In neueren Verträgen suchte man aller Willkür auszuweichen, indem man das Küstenmeer 3 S.-M. von der Küste sich hinauserstrecken lässt, was durch die Entscheidung der pariser Konferenz von 1894 über den Streit Englands und der Vereinigten Staaten über das Beringsmeer neu bekräftigt worden ist.

Die Interessensphäre.

Ausser seinem Gebiet beansprucht jeder grosse Staat einen Einflusskreis oder Interessensphäre, die in unmittelbarer Beziehung zu seinem Inneren steht. Es ist nicht das, was West- und Mittel-Europa als geschichtlich-culturliche Interessen-Gemeinschaft zusammenbindet, so dass jeder Stoss an irgend einer Stelle der Peripherie trotz aller zwischenliegenden Schranken den ganzen Erdtheil durchbebt. Es ist vielmehr das, dass der Staat die Besetzung durch einen andern Staat eines von ihm selbst nicht besetzten Gebietstheiles ausserhalb seines eigenen wie eine Verletzung seines eigenen Gebietes ansieht. Womöglich besetzt er es selbst und es ergeben sich daraus die Besatzungsrechte wie die Preussens in Luxemburg und früher in Mainz und Rastatt, Oesterreichs in Novibazar und der Engländer in zahlreichen »Eingeborenenstaaten« Indiens. Für Deutschland und Frankreich ist Belgien und die Schweiz, für Oesterreich Serbien, für Britisch-Indien Afghanistan ein Noli me tangere. Nicht selten besiegeln engere wirthschaftliche Verhältnisse (Deutschland und Luxemburg. Oesterreich und Serbien) solche Beziehungen.

Nicht die geographische Lage allein, sondern die Machtverhältnisse entscheiden über die Grösse und Richtung solcher Gebiete. Nicht dem näheren Mexiko, sondern den Vereinigten Staaten wohnt die weitaus grösste Theilnahme an jedem interoceanischen Verkehrsunternehmen in Mittelamerika naturgemäss inne. Am Atlantischen und Stillen Ocean gelegen, sind die Vereinigten Staaten zunächst nach dem Maasse ihres Verkehres an der Verbindung beider interessiert. Aber es kommt die politische Nothwendigkeit dazu, diese Verbindung nicht in fremde Hände kommen zu lassen. Wenn der Sund von Russland besetzt würde, wäre der Schlag für Deutschland nicht so empfindlich, wie ein interoceanischer Canal in englischen Händen für die Vereinigten Staaten; denn Deutschland behält die Verbindung durch den Nordostseekanal. In Amerika ist eine schiffbare Verbindung nördlich von Tehuantepec undenkbar. So nahe aber geht diese Verbindung die Vereinigsten Staaten an, dass man sagen kann, sie werde einst ein Theil von Nordamerika sein müssen.

Mit solchem Ausgreifen vervielfältigen sich natürlich die äusseren Beziehungen, ohne einfacher im Verhältniss zum Raum des Landes zu werden. Das Gesetz der verhältnissmässigen Verkleinerung der peripherischen Erscheinungen bei wachsendem Raume würde erst Anwendung finden, wenn das Land selbst in seine Interessensphäre hineinwüchse. Auf dem Wege der Interessensphäre liegt daher die Gefahr des Verlustes des Gleichgewichtes zwischen dem Raum des Landes und dem Raum seiner Ansprüche auf vorwaltenden Einfluss. Das ist die Gefahr, an der die alten Eroberungsreiche Westasiens und die Colonialstaaten Portugals, der Niederlande und, im 18. Jahrhundert, Frankreichs gescheitert sind.

Einen anderen Sinn hat das Wort Interessensphäre in der Sprache der Afrikapolitik des letzten Jahrzehnts gewonnen, in der es Räume bezeichnet, in denen die beanspruchenden Staaten von einem oft unbedeutenden Küstenstrich aus erst Interessen zu schaffen denken, die sie aber in den meisten Fällen noch gar nicht kannten. Das sind eigentlich keine Interessen- sondern Anspruchssphären. Sie hat die um sich greifende Landspekulationspolitik früherer Jahrhunderte in viel grösserer Ausdehnung geschaffen als heute auch nur möglich wäre. Als die Länder der Wilden Res Nullius und die Erdtheile, in denen sie lagen, im Innern noch unbekannt waren, nahmen die Seemächte Landstreifen zwischen zwei Parallelgraden in Anspruch, die sich von einer halb bekannten Küste in Acadie, Neu-England und dgl. ins Blaue hinein erstreckten, und begrenzten sie erst am Stillen Ocean, dessen Ufer damals keine Karte zeigte. Die Einschränkung war praktisch nicht gross, die diese Ansprüche erfuhren, wenn sie sich an die ebenso nebelhaften indianischen Bundesgenossen anschlossen. Als der Friede von Utrecht die neue Bestimmung brachte, dass jede Macht das Land der alliirten Indianer der anderen — Frankreich und England kamen hier in Frage — zu respektieren habe, ergaben sich sofort ungemessene ineinander übergreifende Ansprüche beider Mächte auf die angeblichen Gebiete ihrer Schutzbefohlenen, deren Grenzen in einen absolut unklaren geographischen Horizont hineingezogen waren.

II.

Naturgebiet und politisches Gebiet.

Das Naturgebiet und das politische Gebiet.

Ein pädagogisches Bedenken im Rückschlag gegen die mechanische Behandlung der politischen Geographie rein nach politischen Grenzen, gab zuerst Anlass zur Abgrenzung natürlicher Gebiete.

Nur die Grenzen sollten gezogen werden, die die Natur selbst angezeigt oder errichtet hat [1]). GATTERER unternahm es, an dem bestehenden Staat das Natürliche, besonders in der Begrenzung nachzuweisen und die Zeit der gewaltsamen Staatsumwälzungen und Grenzveränderungen im Anfang unseres Jahrhunderts hat eine ganze Litteratur über diese Frage gezeitigt. Auf ihr ruhen KARL RITTER's Anschauungen, die dann allerdings weit über das Problem der natürlichen Grenzen hinaus gingen. Denn durch die Befruchtung mit Naturphilosophie entstand im Geist dieses Geographen die Auffassung der Erde als eines Organismus und jedes Naturgebiet war ihm ein organisches Ganze zweiter oder dritter Ordnung, wenn die Erdtheile in der ersten standen. Diese Auffassung verschmähte die zur Vermeidung von Missverständnissen nothwendige Beschränkung des vieldeutigen Begriffes. Auch in der Definition der drei Erdtheilindividuen der Alten Welt ist die Dreiheit wiederzufinden, die der Philosoph KARL CHRISTIAN FRIEDRICH KRAUSE in sechs Haupterdtheilen »von eigenthümlichem Naturleben« unterschied, wo je zwei entgegengesetzte in einem dritten vermittelnden sich vereinigen, Afrika ist für KARL RITTER der Erdtheil der unentwickelten, Asien der unvermittelten, Europa der ausgeglichenen Gegensätze.

Aber KARL RITTER hat trotz dieser Abschweifungen, die die Sache nicht gefördert haben, das Problem der individuellen Naturgebiete auf den einzigen fruchtbaren Boden gestellt, indem er es zum Völkerleben und damit auch zur politischen Geographie in Beziehung setzte. Er wirkte dadurch der Neigung zum Aufgehen im Boden, im Unorganischen entgegen, die allen politisch-geographischen Begriffen eigen ist. Dem Einwurf, dass die nach Bodenform und Bewässerung unterschiedenen »Länderindividuen« von den Grenzen der Lebensgebiete durchschnitten werden, konnte er das Volk entgegensetzen, das alle die natürlichen Anlagen seines Landes auf das Ziel der Kulturentwicklung zusammenfasst. Mit und durch das Volk wird das Land individualisiert und so entsteht der politisch-geographische Organismus des Staates, der sich sein Naturgebiet schafft. Hätte RITTER das nothwendig Bewegliche und Wachsende der Staaten stärker betont, dann wäre sein »Naturgebiet« wohl weniger abstrakt und unorganisch von seinen Nachfolgern verstanden worden.

Nicht jeder Boden ist der politischen Bewältigung gleich zugänglich.

Das geschlossene Land kommt ihr mehr entgegen als das grenzlose, das bewohnbarere mehr als das unfruchtbare. Ein geschlossenes Gebiet lässt das Verständniss für den politischen Werth des Bodens früher reifen und setzt auch der auf Länderwerb ausgehenden Politik bestimmtere Ziele. Wie greifbar waren die Ziele Frankreichs und der Seemächte im spanischen Erbfolgekrieg im Vergleich mit denen des Kaisers, die in Italien, am Rhein und in den Niederlanden zerstreut lagen! Jene haben Erfolg, besonders in der Beherrschung des Mittelmeeres, da sie auf ganz bestimmte geographische Objecte gerichtet sind. Darum kann man aber doch nicht von einem »natürlichen Recht« der Völker Spaniens, Italiens und ähnlicher Länder sprechen, ihre naturgegebenen Räume auszufüllen und abzugliedern. Nur ein Streben nach dieser Ausfüllung und Abgliederung liegt vor, das sich allerdings auch ein natürliches Recht zusprechen mag, aber kein in der Natur des Landes, sondern dem Organisationsbedürfniss des Volkes wurzelndes Recht. Das Volksganze will ein Naturganzes werden, der geschlossene Staat will womöglich ein geschlossenes oder doch an sich übereinstimmend geartetes Gebiet für sich. Die politische Zersplitterung hebt nicht die durch Nachbarlage und gleiche Naturbedingungen hervorgerufene Gemeinsamkeit der Entwickelung auf, hemmt sie aber oder lenkt sie zeitweilig ab. Ohne es zu wollen streben aus der Zertheilung heraus die mannigfaltigsten Gebilde auf die Einheit zu, die der Natur des Gebietes unverändert eingeprägt bleibt. Manche Naturbedingung ist ihrem Wesen nach nur im Ganzen wirksam, so alles Insulare, oder widerstrebt der Zertheilung so entschieden wie ein Strom. Aber die denkbar grösste Zersplitterung hinderte die Städte, Abteien, Grafen und Herren im Land der Aare und Limmath nicht, zusammen mit den drei Waldstätten der Urschweiz 1291 gleich nach dem Tod König Rudolfs jenen Bund einzugehen, der die werdende Schweiz mit sammt ihrem vitalen Gegensatz zu der habsburgischen Hausmacht zeigt. Indem die einzelnen Städtchen nach den Richtungslinien tastend weiterwachsen, die ihnen die Züge ihres Bodens zeigen, gelangen sie, ohne es zu wissen, zur Vereinigung, bis sie das Thal, Stromsystem, das Gebirge, das orographische Becken ausgefüllt haben, in dem sie zerstreut, einander fremd gelegen waren und sich langsam und unter vielen Wechselfällen genähert haben. Nicht so im Unbewussten heranwachsend wie hier, sondern das in der Ge-

meinsamkeit des Bodens liegende geschichtliche Erbe bewusst wieder
belebend, tritt uns die gleiche Wirkung in der Geschichte der aus
der Zersplitterung sich herausringenden nationalen Bewegungen entgegen, die aber nichtsdestoweniger unter dem thätigen Einfluss
räumlicher Auffassungen stehen.

Wenn die Geschichtschreiber von der natürlichen Nothwendigkeit eines
Staates sprechen, so denken sie an seine Ausfüllung eines natürlich gegebenen Raumes, seine Beherrschung einer natürlichen Lage. Neben dieser
geographischen giebt es aber eine ethnographische Nothwendigkeit,
die auch einen natürlichen Charakter hat. Sie ist in der einheitlichen Natur
eines Volkes begründet, die die Form eines Staates bestimmt, dessen Lage,
Grösse und Gestalt zunächst gegeben sind in der Lage, Grösse und Gestalt
des Gebietes des Volkes. Dort ist das Gegebene geographisch, hier ethno-
graphisch und aus beiden entfaltet sich der Staat unter der Führung des
beweglichen Elementes. Es ist ganz falsch zu glauben, die Individualisirung
sei gleichbedeutend mit räumlicher Absonderung. Diese vermag die Indivi-
dualisierung zu begünstigen, aber doch nur mechanisch als Schutz und Rahmen einer von innen heraus wachsenden Entwickelung.

Es würde ebenso falsch sein zu glauben, die Wirkung des »Naturgebietes« könne immer nur in der natürlichen Isolirung gesucht werden
und ein Gebiet sei um so natürlicher je besser es isolire. Wenn
wir in der politischen Geographie das Naturgebiet mit Bezug auf
die Völker und Staaten betrachten, können wir den nothwendigen
Trieb auf Wachsthum und Vereinigung, der in diesem wirkt, nicht
bei Seite setzen. Wir müssen den einfachen, häufigen Fall beachten,
dass ein natürlich wohl abgegrenztes Gebiet seiner Bevölkerung zwar
zum Wohnen und Herrschen, nicht aber zur Nahrung genügt und
darum in der natürlichsten Weise auf ein anderes hingewiesen ist,
das vielleicht in ähnlicher Weise von jenem abhängig ist, so dass
die beiden einander ergänzen. Ein Küstenland wie Dalmatien strebt
nach dem ergänzenden Binnenland. Ein Hochgebirgsweideland und
ein Ackerbauland an seinem Fusse können sich unentbehrlich werden,
wie die Alpen- Jura- und Hügellandkantone der Schweiz. Jedes
ist ein Naturgebiet für sich, aber nur ein halbes, das nicht für sich
allein leben kann; nur in der Vereinigung sind sie ein vollkommen
lebensfähiges Ganze. In vielen Fällen wird denn auch ein politisches
Ganze, ein einziger Staat daraus, auf dessen Bildung die Natur selbst
hingeleitet hat.

In den Eigenschaften, die ein Naturgebiet befähigen, den Charakter des auf ihm sich entwickelnden Staates mit zu bestimmen, liegt aber auch mehr als die Passivität einer Form, in die sich ein Stück Menschheit hineingiesst. Dieses Gebiet wirkt aneignend und festhaltend und besiegt damit in der Zeit alle die Widerstände, die ein Volk ihm entgegensetzen möchte. Ein Volk, das sich über neue Gebiete ausbreitet, muss diesen ihr »natürliches Recht« zugestehen. Stemmt es sich dagegen, so wird es zweifellos besiegt. Diese aneignende Macht des Bodens zeigt sich immer zuerst in den wirthschaftlichen Beziehungen, weil die Wirthschaft dem Boden näher steht als die Politik und die politischen Werke zersetzt, wenn sie nicht bodengemäss sind. Wie oft eilt die Wirthschaft voraus, wo die Politik fest abgeschlossen zu haben glaubt, und stellt in grösseren Gebieten neue Aufgaben. Das Streben nach wirthschaftlicher Selbständigkeit hat die dreizehn alten Kolonien Englands in Nordamerika sich zu den Vereinigten Staaten von Amerika zusammenschliessen lassen. Schutzzollschranken hat die Dominion of Canada, haben australische und südafrikanische Kolonien gegen ihr Mutterland aufgerichtet. Selbst in Indien kommt das englische Ausbeutungssystem nicht um die eigenthümlichen Forderungen des Landes herum und muss Zölle auf englische Baumwollgewebe u. a. zulassen. Das Land, wiewohl ganz abhängig und ungemein willensschwach, verlangt doch Kraft seiner besonderen Natur seine besondere Verwaltung und Politik.

Die Kolonien der Griechen zeigen alle in ihrer Entwicklung, wie das Volk langsam den Boden geistig ergreift, den es körperlich neu besitzt, wie es aber auch von ihm ergriffen, beeinflusst, selbst bestimmt wird, wie es entsprechend der räumlichen Entfernung langsam von der Heimath abrückt und endlich die neue Stellung begreift, die ihm auf neuem Boden angewiesen ist. Zuerst glauben die Bürger, sie seien die Stadt und der Staat auch in der Fremde, Milet sei überall, wo Milesier wohnen. Darum legen sie auch der neuen Ansiedelung den Namen der Mutterstadt oder eines heimischen Gaues bei, lassen sich durch Aehnlichkeit der Lage bedingen und dgl. Aber schon bei der breiteren Anlage macht sich die Raumfülle des neuen Landes geltend, man baute nach regelmässigerem Plan, man stattete auch reicher aus. Der Zusammenfluss Fremder lockerte den alten Zusammenhang, es entwickelte sich ein kosmopolitischer Geist, der frühreif sich entfaltend das einholte, was die Mutterstadt an Alter voraus hatte. Bald war das Denken kühner, die Beobachtung vielseitiger, die Bildung reicher. Das lockerte aber auch den Zusammenhang mit der Heimath und schon die Bedrängniss der Perserkriege sah die Kolonien theilnahmlos.

Hier liegt der Kern jener in der Geographie seit KARL RITTER
so viel erörterten Frage der Naturgebiete. Jedes Volk richtet auf
sein Gebiet alle seine Kräfte und Fähigkeiten, um für seine kultur-
liche und politische Entwickelung daraus den grösstmöglichen Nutzen
zu ziehen. Seine Entwickelung ist ein Kampf mit seinem Wohn-
gebiet, in dem für die politische Organisation die Vortheile gewonnen
werden, deren dieser Boden fähig ist. Nach Art und Menge sind
diese aber abhängig von den Forderungen, die an den Boden gestellt werden und von dem, was der Boden zu bieten hat. Ist der
Unterschied zwischen beiden zu gross, dann greifen jene über die
Grenzen des Gebietes hinaus bis das Mass von Vortheilen erfüllt ist,
das dieser Staat für sich verlangt. Sind Naturgrenzen nicht zu gewinnen, dann ist doch die Lage zu verbessern oder der am leich-
testen zu erlangende Vortheil, die räumliche Vergrösserung, zu verwirklichen. In Preussens Entwickelung lag z. B. gar nichts von der
geographischen Nothwendigkeit eines von der Natur selbst zum Staat
bestimmten Landes, auch nicht die ethnographische eines einheitlichen Stammes, der zum Staat sich zusammenschliesst. Der Trieb
war hier der rein politische, aus schädlicher Zersplitterung sich zu
einem zusammenhängenden Staatswesen herauszuringen, für das aber
dann doch im weiteren Tiefland die Küste der Ostsee und die ostdeut-
schen Ströme natürliche Motive der Anlehnung und Ausfüllung bieten
konnten. Dazu kamen die Veränderungen im europäischen Staaten-
system, die Preussen hervorgebracht hatte und die ihm sogleich eine
neue Stellung gewährten, wie denn sein ganzes Aufkommen nur in
diesem System möglich gewesen ist.

Hier haben wir ein Beispiel, wie es eine nicht gerechtfertigte
Einschränkung der RITTER'schen Idee wäre, die Naturgebiete nur in
natürlich umgrenzten Ländern sehen zu wollen. RITTER's Gedanke
ist umfassender und in Wahrheit tiefer. Ihm ist jeder Erdtheil ein
grosses Naturgebiet, in dem jedes Land zugleich abhängig vom
Ganzen ist und das Ganze beeinflusst. So ist ihm vor allem Europa
ein Ländersystem, in dem die einzelnen Glieder nicht zufällig, sondern
nothwendig ineinandergreifend und zusammenarbeitend nebenein-
anderliegen. So ertheilen in jedem grösseren Individuum die kleineren
Individuen dem Ganzen seine organische Fügung²). Längst ist die
Abhängigkeit des Staats-Individuums vom Erdtheil-Individuum in der

pädagogischen Praxis anerkannt. Es muss aber auch in der theoretischen politischen Geographie an der Nothwendigkeit festgehalten werden, den Staat nur aus seiner Zugehörigkeit zu einem grösseren natürlichen Gebiete und zuletzt zum Erdtheil verstehen zu können. Jedes Land trägt Merkmale seines Erdtheiles, von dem es eine Unterabtheilung ist, von dem es also eine Menge von Eigenschaften von vornherein überkommt. Jegliche Besonderheit in der Gestalt eines Erdtheiles findet ihre politische Verwerthung. Eine Fülle von Insel- und Halbinselstaaten wie in Europa ist in Afrika nicht denkbar. Ja, es kann selbst eine Lage wie Drontheim oder St. Petersburg oder New-York sich in Afrika nicht wiederholen, sowenig wie in Europa oder Nordamerika das Barriereriff von Nordost-Australien wiederkehrt. Aber eine Lage wie die Aegyptens zwischen Afrika und Asien (dem es die Alten zurechneten und dem es heute thatsächlich durch die Suës-Landenge und Sinai-Halbinsel angehört), an einem der mächtigsten Ströme der Erde und gegenüber Europa kommt nur in Afrika vor. Von jedem Land kann man sagen, so wie es ist, kann es nur in diesem Erdtheil sein. Und je grösseren Raum ein Land bedeckt, um so mehr nimmt es von der Eigenschaft seines Continents an. Gerade die grössten Staaten der Erde: Russisch Asien, Britisch Nordamerika, die Vereinigten Staaten sind daher nach Lage und Gestalt ganz von ihren Continenten abhängig, da sie diese in bestimmten Breiten von einem Ende bis zum andern erfüllen. Die meisten grossen Staaten Europas liegen nur noch mit ihren Kernländern in Europa, während sie mit Colonialbesitzungen anderen Ländern angehören: Russland ist europäisch-asiatisch, Frankreich zunächst europäisch-afrikanisch, Grossbritannien hat die Eigenschaften aller Theile der Erde. Bis 1884 war Deutschland die europäischste aller Grossmächte durch seine Beschränkung auf Europa und ausserdem durch seine centrale Lage. Ein ganz anderes Verhältniss in Amerika: Kein amerikanischer Staat hat Kolonien ausserhalb Amerikas[3]).

Entwickelung und Zerfall des Staates im Naturgebiet.

Der Erdtheil, das Flussgebiet, das Küstenland, die Insel, die Oase, kurz die durch ihre Naturumgebung individualisierten Länder der Erde wirken kräftiger auf die Herausbildung der Individualität

eines Volkes und Staates als der Boden des Wohnortes auf die
Entwickelung des einzelnen Menschen. Bei jenen Naturgebieten
kommen grössere Züge in Betracht, die eben nur dem Volk und
dem Staat zu Gute kommen können. Und um soviel ein Volk länger
in demselben Raume lebt als ein Mensch, um so tiefer zeichnen
sich die natürlichen Eigenschaften des Wohnplatzes in das Wesen des
Volkes und seines Staates ein, die die entsprechenden Räume ausfullen
und wachsend sozusagen in die grossen Naturvortheile hineinwachsen.
Die Inselnatur Grossbritanniens gewann erst seit der Vereinigung
Englands und Schottlands ihren vollen Einfluss auf den Staat, dessen
überragende Grösse von dieser Epoche an datiert. Vorher waren
die einzelnen Flussbecken
und Küstenlandschaften die
Naturgebiete selbständiger
Kleinstaaten. Die spätere Geschichte Englands und Schottlands ist die fortschreitende
Entfaltung der geographi-
schen Bedingungen, worin
der Zusammenschluss des
ganzen Inhaltes der Haupt-
insel zu einem Grossbritannien den ersten und die
gewaltige maritime Ausbreitung den zweiten Hauptab-
schnitt bilden. Der Vorzug
einer interoceanischen Lage
wird von den Vereinigten
Staaten und Britisch Nordamerika erst jetzt, in dem
Zeitalter der continentalen

Fig. 3.

Südamerika unter spanischer und portugiesischer Herrschaft
(etwa um 1780).

Eisenbahnlinien, voll ausgenutzt. In dem Wachsthum eines Volkes
folgen also, so lange es ununterbrochen fortschreitet, die grösseren
Naturgebiete den kleineren und jene wirken auf jeder Stufe als die
Ziele, denen das Wachsthum zustrebt. Dabei entwickelt sich die politische Kraft, die einem Staat zuwächst, der ein Hinderniss seiner
natürlichen Ausgestaltung überwindet, oft mit der Wegräumung der

letzten Schwierigkeit so rasch, dass gerade darin ein Abschnitt seiner Geschichte liegt. Die Befreiung der Pyrenäenbalbinsel von der Maurenherrschaft, die Vereinigung Englands und Schottlands, die Einigung Italiens liessen Staatsgebiete in Naturgebiete hineinwachsen. In jedem dieser Fälle entstand ein organisches Ganze von einer Kraft, die um ein vielfaches die der Summe der vorher getrennten Gebiete übertraf.

Es liegt in der Natur der Sache, dass die grossen geographischen Bedingungen ebenso dem wachsenden wie die kleinen dem sich zersetzenden Staat zu Gute kommen. In beiden Fällen machen Bewegungen an natürlichen Punkten und Linien halt, einmal eine fortschreitende, das andere mal eine zurückgehende. Ein mächtig wachsender Staat, wie die Vereinigten Staaten, wächst weiter, bis er den Raum zwischen zwei Weltmeeren ausfüllt und damit die natürlichsten Grenzen gewinnt, die man sich vorstellen kann. Ein Zerfall, dessen Erzeugnisse wir in den innerafrikanischen Kleinstaaten sehen, geht bis auf die Grenzen der letzten Waldlichtungen zurück und die grossen vereinigenden Züge der Natur, die Stromsysteme, verlieren ihre politische Kraft. Kommt die Natur mit kleinen Bodenformen

Fig. 1.

Das heutige Südamerika

dieser zergliedernden Tendenz entgegen, dann entsteht die anscheinend naturgemässe Kleinstaaterei in den Gebirgs- und reichgegliederten Küstenländern, die allerdings noch mehr durch ihren Schutz zur Erhaltung kleiner politischer Gebilde beitragen.

So wie das Verwandte zusammenstrebt, sucht das Verschiedene nach auseinanderhaltenden Grenzen. Unter der Herrschaft des Ge-

setzes der wachsenden politischen Räume sucht das grössere Naturgebiet das kleinere in sich aufzunehmen, aber das kleinere macht
sich zeitweilig kraft seiner natürlichen Individualität frei. Das
Recht der Sonderentwickelung setzt sich dem Streben auf Herausbildung grösserer Verkehrsgebiete und Staaten entgegen. Ein Reich
lockert sich, »entgliedert« sich, wie DROYSEN es nennt. Hängt es
dabei in alten Formen noch zusammen, dann wird es allerdings zu
einem »politischen Monstrum«, wie es PUFENDORFF im deutschen Reich
seiner Zeit sah. Dass liegt aber doch nur an dem Missverhältniss
zwischen der gewaltigen unnatürlichen Form und dem als Ganzes
ohnmächtigen, aber im Einzelnen durch den Anschluss an die Naturbedingungen vielfach selbständigen Inhalt.

Wächst ein Staat, der einem Lande von bestimmter Natur angehört und von dieser Natur soviel in sich aufgenommen hat, dass
sein Charakter wesentlich dadurch bestimmt wird, über dieses Land
hinaus, so ist es, als sei dem Organismus etwas Nichtdazugehöriges
eingepflanzt worden. Nicht selten wird es auch wie ein Unorganisches
abgestossen. Die Römer haben nie dauernd in Steppenländer über-
gegriffen; an der Theiss, so wie am Euphrat blieben sie an ihrem
Rande stehen; ihr eigenes organisches Wachsthum hatte hier ein
Ende. Galiziens schon in der Form unorganischer Zusammenhang
mit dem übrigen Oesterreich zeigt, wie wenig organisch der Prozess
war, der es mit diesem Reiche vereinigte. Chiles Verbindung mit
westlichen Gebieten des heutigen Argentinien, die dem Naturgebiet
der Pampas angehören, war sowohl in der Entdeckungsgeschichte
als der alten spanischen Verwaltungsorganisation als endlich den
Unabhängigkeitskämpfen begründet. Das alles vermochte doch nichts
gegen die Natur der Dinge.

Südamerikas ganze politische Eintheilung beruhte in der Zeit der spanischen Herrschaft auf ganz willkürlichen Grenzziehungen im kaum Bekannten
oder ins Unbekannte hinein, wie die Karls V. zwischen den Eroberungen
Pizzaros und Almagros, und auf den Zufälligkeiten der ersten Entdeckungen.
Ihre Unnatürlichkeit gehörte zu den Lasten, durch die die Unabhängigkeits-
kämpfe hervorgerufen worden sind. Die Neugliederung hielt in manchen
Beziehungen die Grenzen der spanischen Provinzen fest, ist aber im Allgemeinen entschieden natürlicher. (Vgl. Fig. 3 und 4.) Die Vereinigung der
früher zu Chile gehörigen Pampasgebiete in den heutigen argentinischen
Provinzen Mendoza und San Juan mit Argentinien (Fig. 5) ist ein Triumph
des Naturgebietes über künstliche Zutheilungen. Erst wenn eine Zukunft,

die wahrscheinlich noch fern ist, den Verkehr über die Cordilleren beleben und die so verschieden ausgestatteten atlantischen und pacifischen Gebiete einander näher bringen wird, könnte auch hier eine Verbindung wieder eintreten, wie sie in Nordamerika durch die kraftvolle Wirthschaft und Politik der Vereinigten Staaten seit 50 Jahren bewirkt ist.

Politische Wahlverwandtschaft und politische Gravitation.

Auf das Naturgebiet führt eine politisch-geographische Verwandtschaft zurück, deren Tendenzen in jeglichem Staatenwachsthum zum Ausdruck kommen. Roms Wachsthum schritt am raschesten und zugleich mit der nachhaltigsten Wirkung in den Gebieten vor, die Italien am ähnlichsten sind. Welchen Vorsprung hatte das Gallien, das mittelmeerischen Klimas' sich erfreut, vor dem mitteleuropäischen und atlantischen Abschnitt. Die Provincia blieb immer der römischste Theil auch auf dem Höhepunkt der Romanisierung Galliens. Noricum erfreute sich zwar nicht solchen Vorzuges, aber es war doch viel weniger durch die Alpen von Italien gesondert. Daher ragte hier Italien bis in die Laibacher Gegend, während in Rhätien das Wachsthum des Reiches sehr beschränkt war. Rhätien hat die römische Cultur sich nur schwach entwickeln sehen. Das Land wurde nach der Eroberung grossentheils entvölkert. Die Alpen verhinderten

Fig. 5.

Die alte und neue Grenze zwischen Chile und den La Plata-Staaten (Argentinien).

hier das zusammenhängende Wachsthum des südlichen Landes nach Norden. Und da das Gleiche sich an anderen Stellen wiederholte, blieb Rom auch in der Zeit seiner grössten Ausdehnung eine wesentlich mittelmeerische Verbindung von Halbinseln, Inseln und Küstenländern.

Wie oft auch der Satz wiederholt wird: Der Staat muss sich mit den Mitteln erhalten, durch die er entstanden ist, der geographische Grund dieser Regel scheint noch nicht erkannt zu sein. Er liegt darin, dass die natürliche Grundlage dem Staate natürliche Bedingungen schafft, die seinem Leben und besonders seinem Wachsthum nothwendige Ziele setzen und Richtungen ertheilen. Ein Inselstaat strebt die ganze Insel auszufüllen, weil er nur so den Vortheil der insularen Lage, die Isolierung, erreicht. Aus demselben Grunde kommt uns Italiens Streben nach der Alpengrenze ganz natürlich vor. Dass in der Zertheilung Preussens in einen östlichen und westlichen Abschnitt die zwingende Nothwendigkeit des Strebens nach Ueberwindung der dazwischenliegenden Hindernisse gegeben war, ist heute Jedermann klar. England hat zu spät die Nothwendigkeit eingesehen, die Russland zum Vorrücken bis an den Hindukusch trieb, nachdem es erst einmal bis zum Oxus vorgedrungen war. Eine Seemacht wird immer wieder maritime Stützpunkte suchen, wie das nach Inseln und Häfen gierige England, eine continentale wird die nomadischen Reiterschaaren zu immer neuen Kosakenheeren organisieren wie Russland. Man muss nur in diesem Nothwendigen nicht immer, wenn es räumlich sich bethätigt, gleich »Gravitation« und »Attraction« erkennen wollen, wodurch nichts erklärt, vielmehr das Organische des Wachsthums nur verdunkelt wird.

Diese Wahlverwandtschaft braucht sich nicht an die Grenzen eines geschlossenen Landes zu binden. Ein Volk, das sich mit bestimmten natürlichen Vortheilen verbunden hat, sucht auch ausserhalb seiner Grenzen dieselben wieder auf. Daher dieses Zusammenstreben geographisch ähnlicher Gebiete auf ein geographisches Ganze. Das Gebiet von grösserem Werth übt immer eine Anziehung auf das von kleinerem aus: die Insel auf den nächsten Festlandabschnitt, die Halbinsel auf den angrenzenden Theil des Festlandes, das Gebirg auf das Flachland und ganz allgemein der grössere Staat auf den kleineren schon darum, weil er eine grössere Zahl von Naturvortheilen umschliesst. Wenn man schon das vielmissbrauchte Bild von der »politischen Gravitation« anwendet, sollte man es nicht einseitig in dem Sinne der Anziehung grosser Staatenbildungen auf kleinere anwenden, der »Attraktionskraft mächtiger Staatenbildungen« (Ottokar Lorenz). Die Fülle, dass mächtige Staatenbildungen nach kleineren Gebieten hinwachsen, die grosse politische Vortheile bergen, wie Russland ans ägäische Meer und das englische Weltreich nach Aegypten, zeigen dass die Natur der hier wirkenden Anziehungskraft nicht so einfach ist. Ein Vergleich aus der Mechanik kann sie nicht aufklären. Politische und wirthschaftliche Motive, die den Anschluss an ein grösseres Gebiet wünschenswerth erscheinen lassen, können weit auseinander liegen. Die kleinen amerikanischen Staaten werden durch Schutzbedürfniss und Einschüchterung, und weil sie wirthschaftlich zu arm und einseitig sind, auf die Vereinigten Staaten hingetrieben, sind aber weit entfernt, sich mit ihnen politisch vereinigen zu wollen.

Selbst die Schweiz ist aus den natürlichen Grenzen der in ihren Bergen eingeschlossenen Waldstätten, deren Bergschranken fast vollständig vom Rigi aus zu überschauen sind, nach den weiteren Grenzen, die ihr heute gezogen sind, nicht blind hinausgewachsen. Der Rhein als natürliche Nordgrenze ist ein offen angestrebtes Ziel der Eidgenossenschaft im ganzen 15. Jahrhundert bis zum Schwabenkrieg und zum Beitritt von Basel und Schaffhausen gewesen, während die Vorschiebung der Südgrenze über den Hauptkamm der Alpen schon frühe als die günstigste Gestaltung der Alpengrenze angesehen wurde. Schon der Bundesbrief von 1357 der Waldstätten mit Zürich zieht den Südabhang des Gotthard gegen Bedretto und Faido in das Gebiet der gegenseitigen Hilfe und Berathung[1]. Einen anderen verwickelteren Fall zeigt die Anziehung des geschichtlich ehrwürdigen, kirchlich unschätzbaren, wirthschaftlich fortgeschritteneren Italiens auf das alte Deutsche Reich, die dazu beitrug, dass das natürliche Wachsthum unseres Landes nach dem Nordwesten zu unnatürlich schwach wurde.

Geographische und politische Selbständigkeit.

An geographische Selbständigkeit schliesst sich politische an. Desshalb ist die Frage nach der geographischen Selbständigkeit für die politische Geographie immer eine der wichtigsten. Für die physikalische Geographie ist sie unwesentlich, da die physikalischen Eigenschaften und Vorgänge an der Erdoberfläche in engen Gebieten nur unbeträchtliche Abwandlungen erfahren. Die Biogeographie dagegen darf sie nicht vernachlässigen. Die geographische Selbständigkeit einer Landschaft liegt in der Behauptung ihrer Eigenart gegen die Umgebung. Die Grösse kann sie darin unterstützen.

gehört aber nicht wesentlich dazu. Jedes Eiland ist selbständig, wie jeder kräftig emporstrebende Berg. Die kurische Nehrung, die Inseln im Bodensee, eine Schwemminsel im Flusslauf sind weniger selbständig. Am wenigsten sind es zufällig herausgelöste Stücke eines grösseren geographischen Ganzen: ein Stück Sahara, ein Thalabschnitt, eine Berghälfte, die man als Staat unnatürlich begrenzt nennt. Findet sich auch die Politik eine Weile mit solchen Gebilden ab, so überschreitet doch der Verkehr um so früher ihre willkürlichen Grenzen und strebt sie dem Ganzen anzugliedern, dem sie durch ihre Natur zufallen müssten.

Verkehrsarmuth und Abschliessung arbeiten einander in die Hände und verzögern die Herausbildung zu grösseren in höherem Sinn selbständigen Gebieten. Es ist nicht bloss der Mangel der Verkehrsorganisation an sich, der die Zusammenfassung der politischen Räume zu grösseren politischen Einheiten erschwert. Dieser Mangel hat selbst seinen tieferen Grund in dem Genügen der Naturalwirthschaft in sich selbst, wo jeder kleine Kreis sich absonderte und Staat im Staat sein will. Haben doch noch im vorigen Jahrhundert die westdeutschen Kleinstaaten ihr Sonderleben nur darum so ungestört führen können, weil die Mischung von Ackerbau, Viehzucht und Gewerbe ihnen eine gewisse wirthschaftliche Selbständigkeit verlieh, die womöglich noch durch die Herandrängung an eine Handelsstrasse erhöht wurde. Mit daher die Masse von Kleinstaaten am Rhein und Main.

Eben in jener organischen Bestimmtheit des Ganzen liegt auch der grosse Unterschied der Konflikte der Staaten. Einige sind nothwendig, weil naturgegeben, andere zufällig oder willkürlich. Es gehört zu den grössten Aufgaben der Staatsmänner, zu erkennen, welche Konflikte zu vermeiden und welche zu ertragen oder vielleicht zu suchen sind. Eine Spannung zwischen Russland und Deutschland kann, wenn noch so gross, beseitigt werden, weil sie nothwendig vorübergehend ist, da beide Länder nicht durch vitale Interessen von einander getrennt sind. Das Vordringen Russlands in Asien muss dagegen nothwendig zu einem Zusammenstoss mit England führen, da es weder zurück noch stehen bleiben kann, sondern über den Steppengürtel hinaus und ans Meer fortschreiten und im Indischen Ocean Stützpunkte der Verbindung seiner europäischen und nordasiatischen Gestade suchen muss. Und selbst, wenn es so weit nicht ginge, würde Englands Stellung in Indien auf die Dauer die Nähe einer starken Macht nicht ertragen können, die ursprünglich ebenso entschieden auf kontinentalen Hilfsmitteln beruht, wie die Englands auf maritimen.

Die räumliche Differenzierung.

Die Differenzierung geht in den politischen Organismen nicht gerade so vor sich wie in den Pflanzen und Thieren und ihren Elementarorganismen. Denn da jene durch die Zusammensetzung aus Elementen von hoher Selbständigkeit als Organismen unvollkommen sind, liegt die Differenzierung nicht in der Umgestaltung und Verschmelzung dieser Elemente, sondern in ihrer Vertheilung und Verbindung. Und damit ist dem Boden seine überragende Bedeutung in dem politischen Differenzierungsprocess gesichert. Es ist mehr Divergenz als Differenzierung. Daran kann uns nicht die Gleichstellung der Divergenz und Differenzierung irre machen, die man in biologischen Werken findet. Sie ist eine irreführende Vermengung. Divergenz kann nur die aus räumlichem Auseinandergehen entstehende Theilung eines Entwickelungsweges bedeuten, an dessen Ende erst die Differenzierung liegt.

Die Grundgesetze der organischen Differenzierung sind aber im Uebrigen wie auf Organismen auf Gesellschaften und Staaten anzuwenden. Die Differenzierung ist in allen eine Wachsthumserscheinung, folgt nothwendig aus der räumlichen Zunahme und erzielt Theilung der Arbeit, Reduktion gleichnamiger Organe, Konzentration der Funktionen und ihrer Organe auf bestimmte Theile des Körpers, Zentralisierung eines ganzen oder theilweisen Organensystems, so dass seine ganze Thätigkeit von einem Zentralorgane abhängig wird, und endlich in der Internierung der edelsten Organe[5]). Wenn aber von den Biologen »räumliche Ausdehnung im Einzelnen und Ganzen« als das letzte der Differenzierungsgesetze aufgeführt zu werden pflegt, so hat die politische Geographie vielmehr diesem Gesetz die erste Stelle anzuweisen, da von ihm alle anderen abhängen. Der organische Zusammenhang des Staates mit dem Boden macht jede Differenzierung des Staates zu einer Raumthatsache. Aus der räumlichen Differenzierung, die ursprünglich nichts anderes als ein Auseinander-

rücken der Elemente des Staates ist, erwachsen nicht nur die vorher
nicht dauernd ausgeprägten Gegensätze zwischen Aussen und Innen,
sondern es entstehen daraus alle jene Unterschiede der Entfernung,
Lage, Raumerfüllung, Beziehung zur Bodenart und -form, die einen
grossen Theil der Politischen Geographie überhaupt ausmachen.

Differenzierung der Lage.

Jedes Wachsthum ist Veränderung der Lage und so auch jeder
Rückgang. Je weiter sich das Wachsthum aus der ersten Lage
entfernt, um so früher tritt Abgliederung ein. Beim Wachsthum aus
kleinen Anfängen legt sich ein neuer Staat neben einen alten, wie
die junge Knospe an dem alten Schoss erscheint. Der alte Staat
reckt sich damit aus seiner ersten Lage nach irgend einer Richtung
hinaus. So entwickelt sich ein einseitiges, später daraus ein doppeltes,
vielfaches, oder ein Mittelpunktsverhältniss zwischen den alten Staat
und den neuen Bildungen. Eine zweite, dritte Knospe u. s. f.
schliesst sich auf derselben Seite oder auf einer anderen an und
mit jeder verschiebt sich die Lage mehr. Auch in grösseren Verhältnissen tritt uns solches entgegen. Aus Babylon ging Assyrien hervor,
was geographisch zuerst nichts als ein Wachsthum Babylons über
den 36. Grad hinaus war. Aus dem Wachsthum der Neuengland-
Staaten und New Yorks über den 75. Grad W. L. hinaus entstanden
die Nordweststaaten, aus dem Wachsthum der Atlantischen Staaten
im Allgemeinen über die Alleghanies hinaus entstanden jene Territorien, Knospen von Staaten, von denen eine an die andere sich
ansetzte, bis mehrere Reihen bis zum Pazifischen Ocean hinüber gebildet waren. Deutschland wuchs über die Elbe hinaus, indem es
die Slavenländer unterwarf und besiedelte, seine Lage wurde damit
östlicher, seine Gestalt gestreckter, sein Tieflandantheil grösser.
Bleibt auch der Zerfall eines Staates oft lange Zeit in den noch
zusammenhaltenden Grenzen eine Thatsache des inneren Lebens,
so bedeutet doch auch er immer ein Auseinanderrücken des vorher
fest Zusammenhängenden und er wird endlich das Band der Grenze
zerreissen, um es durch ein neues zu ersetzen. Auch diese Vorgänge sind dem organischen Wachsthumsprocess zu vergleichen, wo
in einer Zelle sich zwei neue Kerne bilden, die den vorher einheitlichen Stoff theilen und in zwei neue Körper zusammenziehen.

Jeder will soviel wie möglich an sich reissen, die beiden Wachsthumsprocesse kämpfen gleichsam gegeneinander um den Kampfpreis des zwischen ihnen liegenden noch nicht angegliederten Stoffes oder Gebietes. Entweder muss eine neue Grenze genügen, um die Trennung zu bezeichnen, oder es entwickelt sich aus dem dazwischenliegenden Gebiet ein drittes. So lagen im Beginn der Secession zwischen den Nord- und Südstaaten der Union die zweifelhaften Uebergangsstaaten Maryland, Kentucky, Missouri. Oder ein unversöhnlicher Gegensatz legt einen Raum zwischen die Auseinandergehenden, wie in der ganzen Entwickelung der serbisch-türkischen Beziehungen seit der grossen Revolution die räumliche Trennung beider Völker, angestrebt und zuletzt in der Auswanderung der Türken verwirklicht ward. In allen Fällen sind auch diese Neubildungen im Einzelnen anders gelegen als das Ganze, aus dem sie entstanden sind.

Die Differenzierung, die auf der Erde vor sich geht, nimmt immer auch etwas von der Erde in sich auf. Es fügen sich Eigenschaften, die am Boden haften, zu denen, die der Differenzierungsprocess hervorbringt. Das ist die sogenannte geographische Besonderheit, die sich zu allererst in den Eigenthümlichkeiten der Lage kund giebt. Am Ostrand Australiens wachsen Kolonien, die je nach der Zeit und den Umständen ihrer Absonderung verschieden sind, nach Norden und endlich über den Wendekreis hinaus. Sobald sie in die Tropen hineingewachsen sind, über Sandy Cap hinaus, wird der klimatische Unterschied so stark, dass in dem einzigen Queensland das Bedürfniss der Absonderung des mit freier Arbeit getreidebauenden und schafzüchtenden Südens von dem mit Kulis zuckerbauenden Norden immer stärker wird und auf die Bildung einer besonderen Colonie Nordqueensland hinstrebt. Damit wiederholt sich, was in den nach Süden wachsenden Colonien an der Ostküste Nordamerikas schon vor zweihundert Jahren begonnen hat, ein wirthschaftlicher, socialer und zuletzt politischer Scheidungsvorgang, der hier sicherlich nicht für alle Zeiten durch den Bürgerkrieg von 1861/64 zur Ruhe gebracht ist.

Da die Lage eines Landes Zugehörigkeit zu einem bestimmten Theile der Erde bedeutet, spricht sich in ihr immer eine Anzahl von natürlichen Eigenschaften aus, die das Land durch

seine Lage gleichsam mitbekommt. Jede Seite der Erde und jeder
Erdtheil, auch jedes Meer giebt dem Lande das darin oder daran
liegt, von seinen Eigenschaften. Das gleiche gilt von den weit-
verbreiteten Völkereigenschaften der Rasse, der Religion, der Cultur.
Es giebt Negerstaaten, Staaten des Islam, Staaten der Naturvölker
in dem Negergebiet, im Verbreitungsgebiet des Islam und in den
Gebieten der Naturvölker. In der Lage liegt aber ferner auch die
Zugehörigkeit zu Staatengruppen, die aus benachbarten Staaten sich
zusammensetzen. Frei von allen diesen Wirkungen der Umgebung
ist die Lage an sich eine Eigenschaft eines Ortes oder Landes
im Vergleich zu anderen. So kommt in Mitteleuropa die mittlere
Lage, an den West- und Ostgrenzen Frankreichs die äussere und
innere Lage zur Geltung.

Differenzierung nach dem Boden.

Auf den Staat als Ganzes wirkt der Anschluss seiner Theile
an die Naturbedingungen immer weiter und individualisierend ein.
Er macht, dass die Staaten in Grösse und Gestalt immer verschiedener werden. Anfänglich prägt sich eine Tendenz zu kreisförmiger
Anordnung kleiner Menschengruppen um einen Mittelpunkt aus, die
primitiven Staaten eine Grundähnlichkeit in Grösse und Gestalt auf-
prägt. Indem natürliche Vortheile in das wachsende Gebiet ein-
geschlossen werden, dehnt sich dieses nach deren Seite aus, wächst
an Flüssen, Bergen, Wäldern entlang und nimmt höchst unregel-
mässige Gestalten an, ohne dadurch unorganisch zu werden. Die un-
regelmässigste, durch ein so natürliches Wachsthum entstandene Länder-
gestalt kann viel organischer als eine der Form nach geschlossene sein.
Oesterreich ist eine launenhafte Gestalt neben Kansas oder Colorado,
aber in jenem fünfstrahligen Gebilde liegt der entsprechende Zusammenhang der Ost- und dinarischen Alpen mit dem böhmischen
Kessel und den karpathenumschlossenen Tiefland. Hier schneiden
dagegen die rechtwinkligen Grenzlinien Flusse und Höhenzüge mechanisch ab.

Nun ist aber das räumliche Wachsthum des Staates als eines
Aggregat-Organismus viel unbeschränkter als das der ächten Organismen und so oft auch Zerfall eintrat, das Wachsthum hat ihn noch
immer überwunden. Wir sehen von den ersten Anfängen an bis

heute die. Staaten an Grösse immerfort zunehmen. Die grössten
Staaten der Gegenwart übertreffen alle grossen Staaten der Vergangenheit, und nie ist auch die Zahl der grossen Staaten so gross
gewesen wie jetzt. Dieses fortdauernde räumliche Wachsthum, das
tief im Wesen des Staates begründet ist, lässt also nicht bloss immer
neue Staatengebilde hervortreten, sondern breitet auch denselben
Staat über Grundlagen hin, die von den vorigen verschieden sind und
daher den Staat oder seine Theile in verschiedener Weise beein-
flussen. Dadurch entsteht eine Differenzierung nach dem Boden je
nach seiner Art und Gestalt, seiner Bewässerung und Bewachsung,
die die mit der Entfernung zunehmenden Unterschiede verstärkt.
Legt die Natur eine absolute Trennung dazwischen wie bei Inseln,
dann giebt das Wachsthum Anlass zu frühselbständigen, vom Mutter-
staat abweichenden Neubildungen. Die Unterbrechung des räumlichen
Zusammenhanges ersetzt in diesem Falle die Entfernung. Das
Sonder- und Selbstgefühl eines in seinen nassen Grenzen ganz ab-
gesonderten Volkes, das von keiner Macht gehindert wird, sich ganz
allein zusammenzufassen und ohne jede Rücksicht zusammenzuhalten,
ist von ganz anderer Stärke als da, wo die Berührung mit Nachbar-
völkern unvermeidlich ist. So wie die Insel ein natürliches Individuum ist, ist der Inselstaat ein natürliches und politisches.

Differenzierung und Wachsthum.

Mit der natürlichen Mannigfaltigkeit ihres Bodens unterstützt
die Erde alles, was auf Sonderung und Sonderentwicklung hinaus-
geht. Da aber diese Mannigfaltigkeit in der Thatsache ihre Grenze
findet, dass Bodenart und Bodengestalt nur einen beschränkten Kreis
von Eigenschaften variieren, sind auch der differenzierenden Wirkung
des Bodens enge Grenzen gezogen, die noch weiter eingeschränkt werden durch das eigene Leben des Staates, das gegen neue Bodeneinflüsse sich zu behaupten sucht, indem es an altgewohnte sich anschliesst. Wir sehen elementare Staaten auf günstigem Boden sich ins
Hundertfache vervielfältigen, dabei aber einander in Grösse und
Gestalt solange ähnlich bleiben, als ihr Boden es gestattet. Bei dieser
Fortpflanzung und Ausbreitung, deren biologisches Analogon die Zell-
theilung ist, wird an den gewohnten Lebensbedingungen möglichst
festgehalten, um der Umgestaltung durch neue Lebensbedingungen zu

entgehen. So sehen wir Centralafrikaner bestimmter Stämme ihre Kleinstaaten unfehlbar in dieselben für Colocasiapflanzungen günstigen bewaldeten Einschnitte verlegen und kein Staat der Polynesier liegt im Gebirg, jeder will an der Meeresküste Antheil haben. Auch räumlich bedeutendere Entwickelungen, wie die Staaten der Nomaden, sehen wir noch durch die Anlehnung an bestimmte Naturbedingungen sich gleichartig ausgestalten und mit wenig Abweichungen sich so vervielfältigen, dass man sagen kann: die Organisation der Nomaden ist überall auf weite Weideflächen begründet; sie musste Wald und Gebirge nothwendig scheuen. In diesem Anschluss an bestimmte Erdformen liegt aber auch ein Reifeunterschied der Staaten. Man kann die Erdformen bezeichnen, die auf jeder Stufe der staatlichen Entwickelung bevorzugt werden. Die kleinen Staaten der älteren Entwickelung sind sich des Werthes der grossen Formen unbewusst. Inseln, Küstenbuchten, Waldlichtungen, Thalbecken sind ihre Gebiete. Die innerafrikanische Kleinstaaterei liess die Ströme ungenützt vorbeifliessen, die jetzt schon für einen erst werdenden Kongostaat Lebensadern sind. Wir wissen nichts davon, dass eine grosse Naturgrenze wie die Alpen vor den Römern in ihrem politischen Werthe erkannt worden sei. So wachsen mit den Staaten auch die Maasse der räumlichen Differenzierung.

In der Grössenzunahme der Staaten liegt also auch die Wegräumung einer Menge von Motiven der kleinen Differenzierung, die unnütz werden, sobald ein wachsender Staat sie in seine Grenze aufgenommen hat. Die Waldflächen, die einst feindliche Indianerstämme in Nordamerika voneinander trennten, heute aber von Ansiedelungen, Strassen und Eisenbahnen durchbrochen werden, sind nach hunderttausenden von Quadratkilometern zu messen. Die Gebirgskämme, noch so hoch und unwegsam, die einst die Stämme Rätiens schieden, haben diesen politischen Werth längst eingebüsst. Entweder hat die sondernde Wirkung dieser kleineren Motive überhaupt aufgehört, oder sie erstreckt sich nur noch auf Theile eines Staates. Von der wenig veränderten natürlichen Mannigfaltigkeit der Erde ist also die politische Gliederung immer unabhängiger geworden und scheint sogar auf dem Wege, nur noch die grössten natürlichen Grenzen, die der Erdtheile anzuerkennen.

Aussonderung rein politischer Räume.

Als eine besondere Art von innerer Differenzierung kann die Zutheilung rein politischer Funktionen an den Boden betrachtet werden, der sonst grösstentheils der Wohnung und Ernährung der Bevölkerung zu dienen hat. Diese Funktionen sind wesentlich die der Abgrenzung, des Schutzes und des Verkehres. Der Grenzsaum mit seinen Schutz- und Vertheidigungsvorrichtungen, die Schutz- und Vertheidigungsplätze im Lande selbst, die Verkehrswege, Markt- und Versammlungsplätze sind in den einfachsten Staaten, die wir kennen, dem Staate vorbehaltene Räume, die oft weit mehr als die Hälfte des ganzen Staatsraumes einnehmen. Je zahlreicher die Menschen auf diesem Raume werden, um so mehr werden sie diese Inanspruchnahme ihres Bodens für rein staatliche Zwecke als eine Einschränkung ihres Wohn- und Nährgrundes empfinden und sie zurückzudrängen suchen. Der Staat selbst unterstützt dieses Streben von dem Augenblick an, wo er in der Zahl seiner Bewohner eine Kraft erkennt, die leicht gesteigert werden kann. Der wirthschaftliche Boden kämpft dann gegen den politischen, der immer schwächer wird, bis einzelne von seinen Funktionen überhaupt den Halt am Boden aufgeben und sich sozusagen in die Luft erheben. Dazu gehört vor allem die Grenze, deren Schutzvorrichtungen sich immer mehr auf wenige Punkte zusammenziehen, während sie selbst nur noch in Grenzsteinen ein körperliches Dasein bewahrt. Die Verkehrswege und -plätze vertauschen ihren politischen Charakter mit einem wirthschaftlichen, der immer einseitiger hervortritt, ziehen sich aber gleichzeitig auf immer engere Räume zusammen. Manche Gebiete gewannen wesentlich als Träger des Verkehrs politische Bedeutung und weite Strecken Sibiriens, der Sahara und anderer grossen Länder sind wesentlich nur als Verkehrsgebiete erworben und besiedelt worden; aber selbst hier wird die Eisenbahn den Verkehr auf einen schmalen Landstreifen zusammendrängen und der Rest wird dadurch an selbständigem Werth gewinnen.

Correlation.

Es gehört zum organischen Charakter des Staates, dass er als ein ganzes sich bewegt und wächst und wenn auch nur seine Elemente sich bewegen und vermehren, ist es doch Bewegung und Wachsthum für das Ganze. Die Zunahme an einer Stelle kommt allen anderen Gebieten als ein Zuwachs der Summe des Bodens, der Bewohner und der Möglichkeiten zu. Das wäre nicht möglich, wenn der Staat nichts wäre als die »universitas agrorum intra fines cujusque civitatis«, wie ihn eine platte Definition heisst. Auch wenn nicht in Wegen, Grenzstrichen, Befestigungen ein Gemeinbesitz läge, der nur dem Ganzen dient, fühlte doch bald jeder Hausstand, dass die Schädigung des Ganzen ihm schadet und das Gedeihen des Ganzen ihm frommt. Dieses Gemeinschaftsgefühl nimmt in modernen Staaten den ausgesprochenst territorialen Zug an, der sich durch eine hochgesteigerte Empfindlichkeit gegen den kleinsten Uebergriff in das Staatsgebiet kundgiebt und einen Gebietsverlust als einen unersetzlichen Schaden der Gesammtheit erscheinen lässt.

In einem Aggregat-Organismus aus so gleichartigen Elementen wie der Staat kommt die Correlation der Theile stärker zur Geltung als in Organismen mit bestimmten Organen. Nur in solchen ist die Correlation bisher studiert worden, aber mit wenig Erfolg. Im Staat ist ihr Wesen einfacher durch die gleiche Grundlage, die gleichartigen Elemente und die grosse Stellung des Centralorgans. Hauptsächlich von diesem hängt ihre Wirksamkeit ab, denn es beherrscht die inneren Verbindungen. Das Netz der Verkehrswege setzt in den höher entwickelten Staaten jeden Theil mit jedem anderen in Verbindung. Aber auch in den primitiven Negerstaaten verknüpft ein Späher- und Zuträgersystem die Grenzgebiete mit dem Häuptlingsdorf. Ueberall ist die Peripherie des Staates mit dem politischen Mittelpunkte besonders eng verbunden, denn beide dienen in verschiedener Weise dem Schutz des Ganzen. So wie es eine tiefliegende, nicht immer sichtbare, nur unter Umständen zu Tage tretende Verbindung unter den politisch wichtigsten Stellen eines Reiches giebt, so verknüpft der wirthschaftliche Verkehr die entferntesten Gebiete der ganzen Erde. Hier beruht die Verbindung in der Ausbreitung eines Netzes geschichtlicher Strömungen über die Erde hin, durch deren Zusammentreffen und Durchkreuzen eben bestimmte Stellen beim Ausgang, am Ziel, in der Mitte ihre grosse Bedeutung erlangen. Die Zusammendrängung alles Verkehres zwischen dem nördlichen Atlantischen und dem Indischen Ocean in den Canal von Sues ruft eine enge Beziehung zwischen Sues und London und Sues und Bombay hervor, d. h. zu dem Punkte, wo die Herrschaft über den Indischen Ocean ausgeübt wird. So empfand einst kein Punkt der alten Welt die Erfolge Roms in Iberien so stark wie Karthago, denn ein Theil der Grösse von Karthago hing von der Beherrschung der Strasse von Gibraltar ab. Die Wiederbelebung dieser Strasse am Ende des 13. Jahrhunderts hatte die wunderbare Blüthe Brügges zur Folge, überhaupt wurde dadurch Flandern der grosse Tauschmarkt süd- und nordeuropäischer Erzeugnisse. In der Ausnützung dieser Verkehrs-Correlationen liegt die erstaunliche politische Expansivkraft der grossen Handelsmächte, die fast sprungweis über die Erde sich ausbreiteten, indem sie einfach diese wirthschaftlichen Anknüpfungspunkte politisch befestigten.

Aussonderung von Verbindungen.

Da Differenzierung aus Wachsthum entsteht, und dem Gesetz der räumlichen Zunahme aller politischen Körper untergeordnet ist, kann sie nicht in der Sonderung ihre ganze Aufgabe erfüllen, sondern muss auch für die Verbindung sorgen. Es müssen Verkehrswege und -räume sich ausbilden. Durch diese Entwickelung, die selbst ein Stück Arbeitstheilung ist, wird die Arbeitstheilung in anderen Beziehungen erst möglich. Sie gestattet vor allem die Vertheilung wirthschaftlicher und politischer Leistungen auf weitere Gebiete. Was den Verkehr erleichtert, bahnt auch politischen Einflüssen den Weg. Daher ist jedes Flusssystem immer auch eine grosse politische Organisation zu politischen Zwecken und jedes Meer ist ein politisches Expansionsgebiet. Es kann hier nur angedeutet werden, wie der ursprünglich dem Staate dienende Verkehr sich bei fortschreitendem Wachsthum immer selbständiger macht und endlich dem politischen Wachsthum vorauseilend Interessen schafft, die eines Tages ihr unpolitisches Gewand abwerfen und den Staat unmittelbar fördern werden. Sie bewirken es, dass die Differenzierung der Verkehrsgebiete die politische überholt und ihr die Wege zeigt.

Da jeder Verkehrsweg einmal für sich Land, also ein Stück politischen Raumes ist, und dann von Land umgeben wird, das nicht von ihm getrennt werden kann, schliesst jede Verkehrsfrage nothwendig immer eine politisch-geographische ein. Niemand wird glauben, dass die Saharabahn gebaut werden könnte, ohne dass die

4*

Macht, die dieses Werk ausführt, zugleich die Sahara in weitem
Bereich zu beiden Seiten der Bahn beherrscht. Gerade wie bei der
ersten Pacificbahn ist der Bahnbau das Mittel eine gewünschte und
zum Theil schon formell bestehende Herrschaft zu verwirklichen.
Als das russische Fort Petro-Alexandrowsk am rechten unteren Oxus
gegründet war, blieben für die Verbindung mit dem Kaspisee nur
die Wege über Chiwa und über Merw und schon 1874 war vorauszusehen, dass die Unabhängigkeit beider nicht mehr von langer
Dauer sein könne, da Russland mit dem Verkehr auch den Boden
beherrschen musste. Die planmässige Besiedelung Sibiriens ging zunächst auf die Besetzung und die Schaffung der Verkehrswege aus.
So finden wir denn noch heute den grössten Theil der Bevölkerung,
im Bezirk von Kainsk nicht weniger als 93%, in dem dichter bevöl-
kerten Gouv. Tomsk doch ¼ der Bevölkerung längs der Poststrasse.
Die Eisenbahn verschiebt langsam diese Vertheilung, verwirklicht
aber dasselbe Prinzip nur noch stärker auf einem anderen Raum.

Das Wachsthum aller politischen Gebilde macht auch ihre Verbindungen immer grösser und auf dasselbe Ziel wirkt auch die Concentration hin. So sehen wir ganze Länder mit der Aufgabe der
politischen Verbindung behaftet und dadurch in ihrem Werthe ausserordentlich gesteigert werden. Die Landengen von Sues und von
Mittelamerika nehmen als Träger der kürzesten Verbindungen zwischen dem Atlantischen und Indischen und dem Atlantischen und
Stillen Ocean eine wahre Weltstellung ein, denn sie verbinden die
grössten natürlichen Räume der Erde. Der Versuch einer einzigen
Macht sie zu okkupieren, verleiht dem Begriffe Weltherrschaft den
praktisch greifbarsten Inhalt.

Die Concentration.

Die einzelnen Differenzierungsgesetze der Biologen treten erst
in Folge der räumlichen Differenzierung durch Wachsthum in Wirksamkeit. Zunächst entspricht der »concentrischen Differenzierung«
im Leben der Zellen die Anordnung peripherischer abgelöster Theile
um neue Mittelpunkte, also die Bildung neuer Staaten. Die Zusammenfassung aller Macht um den Palast oder — bei den Negern — um die Hütten des Herrschers prägt sich räumlich in der
Lage der Siedelungen der mitrathenden und mitthatenden Freien

aus. Sie zeigen die Neigung zu concentrischer Lage um den Macht-
mittelpunkt und werden immer spärlicher nach aussen bis die leeren
Grenzgebiete erscheinen. Und so legen sich auch weiter aussen die
Vasallengebiete rings umher. Damit geht die Tendenz auf kreis-
förmige Gestalt der Siedelungscomplexe wie der Staaten zusammen.
Das zeigt sich bei den kleinen Weilern oder Dörfchen der Gehöfte der
Sandeh, die mit 8—12 Hütten einen kreisrunden Platz umgeben,
und von Nachbarsiedelungen durch die Aecker und Gärten getrennt
sind, mit denen zusammen sie concentrisch um die Gehöfte eines
Unterhäuptlings liegen. Eine solche Vereinigung von kleinen Siedelungen liegt dann wieder mit anderen concentrisch zu der des Fürsten und die Grösse dieser Complexe schwankt zwischen 1 und
5 km Durchmesser. An dieser Anordnung hat in vielen Theilen
des Uelle-Gebietes auch die ägyptische oder nubo-arabische Herrschaft nichts geändert: die Scriben nehmen ebenso den Mittelpunkt
ein wie einst die grossen Palasthütten eines Munsa.

Der Gegensatz zwischen Zusammendrängung und Leere ist für
diesen Zustand bezeichnend. Politische Unsicherheit verschärft ihn,
indem sie die aussenliegenden Siedelungen zu Gunsten eines Platzes
in der Nähe des Herrschers aufzugeben zwingt; politischer Zerfall
verwischt ihn, indem nun heimathlose Flüchtlinge sich in die Grenzöden flüchten und neue Staaten begründen. Es ist das Leben der
Zellen mit allen Erscheinungen der Theilung, Sonderung, Auflösung
und Neubildung. So wie nun diese Gemeinschaften der Menschen
ursprünglich in Grösse und Gestalt einander ähnlich sind, gleichen
sie einander auch nach ihrem Inhalt. Jede einzelne ist anfänglich
ein möglichst abgeschlossenes Ganze, das sich selbst genügt. Je zahlreicher sie werden und je stärker die Lebensenergie in den einzelnen,
desto nothwendiger wird der Austausch und die Wechselwirkung und
damit der Verkehr. Zu dem vorher allein wirksamen inneren Leben
kommt damit ein äusseres. Damit beginnt aber eine neue Theilung
der Arbeit, die den verschiedenen Gemeinschaften ganz verschiedene
Aufgaben stellt. Wenn vorher sich das Wachsthum und die Wachs-
thumsergebnisse über einen weiten Raum ganz gleichmässig wiederholten, so macht doch nicht immer die Gesammtheit der Glieder einer
Gemeinschaft diese Entwickelung mit. Wir haben vielmehr eine
Entwickelung im Volke statt des Volkes. Es ist die sociale Diffe-

renzierung"), die die Biologen der »elementaren Differenzierung« der Einzelzelle gegenüberstellen. Zunächst machen auch hier die räumlichen Verhältnisse jeder einzelnen sich geltend. Neben übermässigem Wachsthum erscheint Stillstand und Rückgang, dadurch bilden sich Grössenunterschiede heraus, es finden Verschmelzungen statt. Gleichlaufend damit wächst der politische und wirthschaftliche Werth des Bodens. Grund und Boden einst gleichmässig zur Nutzung Aller vertheilt, wird Mittel und Ausdruck sozialer und politischer Macht, um deren Mittelpunkte sich grössere Bevölkerungsmengen sammeln. Stadt und Land treten einander gegenüber und die Stadt wirkt auf das Land, das sich mit Wegen bedeckt, die von dem Mittelpunkt ausgehen, mit dessen Wachsthum auch die Bahnen des Verkehrs sich immer mehr vertiefen und dauerhaft werden. So wiederholt sich nun eine concentrische Differenzierung auf höherer Stufe, in der der Mittelpunkt immer grössere Gebiete in seine Einflusssphäre zieht und diese immer ausgesprochener mit Bezug auf ihn sich anlagern und umgestalten. Leitend ist auch hierbei der räumliche Gegensatz zwischen dem engen Gebiet der Zusammendrängung und dem weiten, auf das dieses hinauswirkt.

Je rascher der Umlauf, desto grösser die Kraft, ist ein Satz, dessen Wahrheit in der politischen Welt durch die überragende Thätigkeit der Städte mit ihrer reissenden Bewegung und unwiderstehlichen Kraft bewiesen wird. Welche Langsamkeit und Schwäche in ungleich viel grösseren ackerbauenden Gemeinschaften! Die Zusammendrängung von Menschen eines primitiven Staates auf den engen Raum des Häuptlingsdorfes, der von weiten menschenleeren Flächen umgeben ist, schafft ebendarum etwas so ganz Eigenartiges. Es ist nicht bloss die Summirung, sondern die Steigerung des Lebens, das als ein Gemeinsames sich von seiner Umgebung abhebt und doch mächtig bis auf die äusserste Peripherie hinauswirkt. Dort bei gleichmässigerer Vertheilung des Bodens die Zerstreuung der Bevölkerung über das Land, hier die Zusammendrängung eines grossen Theiles davon auf den engen Raum, dort langsame Entwickelung bis zum Stillstand, hier frühe Reife, dort Dauerhaftigkeit, hier Vergänglichkeit. Wir sehen den grossen Unterschied zwischen den Gebieten, wo früh die centralisirende Differenzierung durchgegriffen hat, und denen, die davon frei geblieben sind. Die Theilung der Arbeit durch die Concentration der Funktionen und damit die Leistung ist dort rascher fortgeschritten.

Die räumliche Vertheilung und Auslese der Leistungen.

Verstärkt und erweitert sich der politische Besitz mit der Masse der Bewohner, so kann das also nie eine einfache Summirung der

Bewohner und der Landstücke sein, sondern zu dieser Verstärkung trägt wesentlich ihre ungleiche Vertheilung über das von Natur ungleich begabte Land bei. Schon die erste Colonisation eines neuen Landes strebt nach den politischen Vortheilen wichtiger Punkte, die sie zuerst in Besitz nimmt. Darin liegt von Anbeginn ein Anschluss an die geographischen Eigenschaften des Bodens und der Anfang einer neuen Differenzierung, der Concentration der Leistungen auf bestimmte Theile. Die politische Organisation ist dann immer zugleich ein Auswählen unter den natürlichen Vortheilen des Bodens. Wie Themistokles die Seemacht Athens auf den Ausbau des einen von drei Häfen, des Piräus gründete, ist ein typischer Fall. Mit dem Wachsen des Tiefganges der Schiffe sind viele einst bedeutende Häfen aus der Reihe der politisch wichtigen ausgeschieden und nur wenige blieben zu weiterem Wachsthum berufen. Denselben Process zeigen die Alpenpässe und -strassen, von denen der Verkehr heute weniger, diese aber intensiver, benutzt, als vor 100 Jahren. Wie ragt heut die politische Bedeutung des Brenner oder Gotthard über die Nachbarpässe hervor, denen sie noch vor 100 Jahren viel ähnlicher waren. Wie wenig bedeutete damals der Semering!

Die Erkenntniss solcher Vortheile hat ihre Geschichte, die mit der Geschichte des Wachsthums des Staates verknüpft ist. Auch dem Weitblick denkender Staatsmänner taucht sie nur auf, wenn er die Richtung erkennt, in der nothwendig dieses Wachsthum vor sich gehen muss. Themistokles hat den Piräus für Athen politisch erst entdeckt als er ihn vor allen bekannteren Buchten mit der wachsenden Zukunft Athens als Seemacht verknüpfte. Japan liess umgekehrt in den Jahrhunderten der Abgeschlossenheit seine Seehäfen versanden bis das Erscheinen der westlichen Flotte ihm seinen Beruf zur Seemacht zeigte. Als England 1712 die Abtretung Gibraltars forderte, hatte es seinen vollen Werth als Schlüssel des Mittelmeeres noch nicht verstanden. Sonst würde es sich nicht im Verweigerungsfalle mit Port Mahon begnügt haben. Die Erwerbung Indiens, der indische Ueberlandweg und der Sueskanal haben diesen Werth immer klarer gemacht. Erst Napoleon hat die Welt über die Bedeutung Maltas für die Beherrschung des Mittelmeeres aufgeklärt. Neue Entwickelungen schaffen neue Bedürfnisse und öffnen den Blick für politisch-geographische Vortheile, die vorher todtlagen.

Ein anderes Beispiel: Als Chile sich im Norden Atacamas bemächtigt hatte, musste es für dieses silber- und salpeterreiche aber wüste Land sein Ackerbaugebiet im Süden erweitern und der vermehrte Nahrungsbedarf belebte zugleich den Verkehr über bisher wenig beachtete Cordillerenpässe. Neue Bedürfnisse die dem Staate zuwuchsen, riefen also auch neue Leistungen in entlegenen Gebieten hervor und schufen damit neue politische Werthe. Diese politischen Entdeckungen und Verwandlungen gehören zu den anziehendsten Erscheinungen der Geschichte. Sie vorauszusehen macht einen Theil der Grösse der Staatsmänner aus.

Aber die ausgesprochen eigenartige Bedeutung mancher Erdstellen giebt sich ganz plötzlich und unerwartet im Lauf der geschichtlichen Bewegungen kund. Jahrhunderte lang wachsen von verschiedenen Seiten eines Erdtheiles Staaten einander entgegen, bis sie plötzlich von einer und derselben Erdstelle eine mächtigere Beeinflussung erfahren, die über alle bisherigen Bodeneinflüsse hinausreicht. Zum Theil ist darin die Verstärkung einer geschichtlichen Bewegung durch ein geographisches Hinderniss, zum grösseren die plötzliche Entstehung neuer vielleicht weit reichender Beziehungen wirksam. Ohne den Rhein würden die Germanen unbeachtet von den Römern sich über Gallien ergossen haben. Die Cordilleren sind über drei Jahrhunderte ein todtes, passives Ding in Südamerika gewesen. Die Länder waren hüben und drüben mit sich selbst beschäftigt, lebten ganz in sich beschlossen. Da plötzlich erzeugt die wachsende Bevölkerung und der zunehmende Verkehr das Bedürfniss durchgehender Linien zwischen dem Stillen und Atlantischen Ocean und nun werden die Pässe, die Grenze, die Eisenbahnen der Cordilleren die grösste zwischenstaatliche Frage in ganz Südamerika. Noch lehrreicher ist das Hervortreten des bis vor wenigen Jahrzehnten ganz in geschichtlicher Dämmerung stehende Hindukusch, wo schon der erst zu erwartende Eintritt in die Geschichte grosse Veränderungen hervorruft. Das Herantreten Russlands an den Nordfuss des Hindukusch und in die Thäler der Pamir ändert gar nichts an den Machtverhältnissen dieses Landes, soweit sie vom Boden unabhängig oder wenig abhängig sind. Seine Volkszahl wächst dadurch nur unmerklich, sein Reichthum nimmt kaum zu, und auf die geistigen Elemente des Reiches übt dieser vergleichsweis geringe räumliche Fortschritt keinen fühlbaren Einfluss. Die Bereicherung, die es erfährt, kann also nur im Boden liegen, und zwar weder in der Fruchtbarkeit noch in den Bodenschätzen, die gering oder noch nicht bekannt sind, sondern in der Bedeutung der Formen der Erdoberfläche für die politischen Bewegungen. Dass diese Glieder des innerasiatischen Gebirgssystems gerade an der Stelle zusammentreten, wo von Norden und Süden her das turanische und das indische Tiefland einander am meisten sich annähern, giebt ihnen den Werth eines der wichtigsten Durchgangsländer. Dieser Werth ist seit kurzem so klar, dass er schon jetzt die politische Bedeutung des früher

halbvergessenen Tschitral in den Augen der Engländer wunderbar empor-
geschnellt hat.

Die mit der Differenzierung eintretende Steigerung des
politischen Werthes des Bodens wirkt individualisierend.
Wenn auf tieferen Stufen die natürlichen Vortheile überhaupt
nicht zur politischen Ausnützung kommen, so werden sie, sobald sie
einmal erkannt worden sind, von einzelnen expansiven Mächten in
ihrer ganzen Ausdehnung umfasst und ausgebeutet, so lange bis sie
in derselben oder noch zunehmenden Ausdehnung an Nachfolger über-
gehen, die sie dann bei wachsendem Werthe zertheilen und tiefer
ausnutzen. So folgten im Mittelmeer den Phöniciern, die zu einer Zeit
alle günstigen Inseln, Halbinseln und Küstenpunkte besetzt hatten,
die Griechen, diesen die Römer und deren Erbschaft waren im
8. Jahrhundert die islamitischen Mächte bereit zu übernehmen. Heute
ist keine einzelne Macht Herrscherin im Mittelmeer. Neben Frankreich, Italien und England, die alle drei nebeneinander in erster
Linie stehen, sind Oesterreich und Russland mächtig, von den kleineren zu schweigen. Während der spanischen Erbfolgekriege spielte
eine grosse Rolle »das System der Seemächte«, Englands und Hol-
lands, die die Landmächte gegen einander ausspielten, um ihrem
Handel das Meer frei zu halten. Damals kam, mit durch ihren
Gegensatz, Frankreichs Flotte empor, neben dem aber nur Spanien
noch zählen konnte. Nach 1815 gab es dann lange praktisch nur die
eine englische Seemacht. Heute ist im friedlichen Verkehr und in den
Kriegsflotten ein solches Uebergewicht nicht mehr denkbar und dass
jede europäische Grossmacht auch zugleich Seemacht geworden ist,
bedeutet die folgenreichste Aenderung in der europäischen Geschichte
der zweiten Hälfte des 19. Jahrhunderts. Es hat sich damit in der
Ost- und Nordsee und im Atlantischen Ocean derselbe Zustand entwickelt, der schon früher im Mittelmeer entstanden ist. Alle natürlichen Eigenschaften der Küsten und Meere werden dabei gründlicher
ausgenützt, die Zahl der Häfen, Seebefestigungen, Leuchtthürme, Land-
verbindungen mit der Küste wächst immerfort. Ein anderes Beispiel: Als alle Alpenpässe im Besitze Roms, wie später des fränkischen
und des deutschen Reiches waren, war der Verkehr, der über alle
sich bewegte, nicht so gross wie jetzt über einen; aber fünf Mächte

theilen sich jetzt in ihren Besitz. Der Boden blieb derselbe, aber
die Menschen haben sich vervielfältigt und stellten an diesen selben
Boden von Geschlecht zu Geschlecht wachsende Anforderungen, die
die Bodenantheile und -beziehungen vermehren, für jeden Theil ver-
kleinern und dadurch aber zugleich vertiefen mussten.

Die Organe des Staates.

Der Organismus unterscheidet sich vom Aggregat durch die
Theilung der Arbeit, die Organe schafft. Je näher ein Organismus
dem Aggregat steht, desto weniger differenziert sind seine Organe.
In der Eigenthümlichkeit des Staatsorganismus liegt es, dass er nur
in geringem Masse seine Elemente umbilden kann. Bei ihm liegen
vielmehr in den Unterschieden seines Bodens und der räumlichen
Vertheilung seiner Bevölkerung über diesen Boden die wichtigsten
Ursachen der Organbildung. Wir finden daher immer im Vordergrund die grossen Gegensätze der peripherischen und centralen Provinzen, der Seeküste und des Binnenlandes, der Gebirgs- und Flach-
landprovinzen, der Städte und des Landes, der dicht und dünn be-
völkerten Gebiete eines Staates. Sehr viele geschichtliche Unterschiede im Inneren der Staaten ruhen auf geographischen Grundlagen. Der geschichtliche Gegensatz der alten und jungen Staaten
in der nordamerikanischen Union ist zugleich ein Gegensatz zwischen
atlantischen und pazifischen, östlichen und westlichen, feuchten und
trockenen, dichtbevölkerten und dünnbevölkerten Gebieten. Wir
haben gesehen, wie innere Unterschiede der Völker und Staaten
sich geographisch zu lagern streben, um an Bedeutung zu gewinnen.

Einzelne Theile eines Organismus hängen enger mit dem Leben
des Ganzen zusammen als andere. Man muss ihre Stelle im Organismus kennen, um ihren politischen Werth zu verstehen. Jeder
Staat hat Provinzen oder Bezirke, deren Verlust ihm den Tod bringt,
und andere, die ohne Gefahr verloren werden können. Solche vitale
Theile der Staaten sind vor allem die, in denen die Lebensfäden
des Verkehres laufen. Ein grosses Land kann seine Seeküste oder
seine offene Stromverbindung mit dem Meere nicht entbehren.
Ungarn wird alles daran setzen, Fiume sich zu erhalten, in dem sich
sein ganzer Seeverkehr zusammendrängt. Taurien mit seinem Salz
und seinen Fischereien, den Pelzen und der Wolle seines Hinter-

landes war einst noch ausgesprochener ein mit Waaren und Verkehr erfüllter Zipfel, allein zugänglich in einem öden weiten weg-
losen Lande. Man konnte es als ein höchst individualisiertes Organ
concentrirten Verkehrslebens bezeichnen. Von der Donau zurückgedrängt wäre Serbien unheilbar verstümmelt. Daher sein festes
Halten an Belgrad. Solche Vortheile sind nicht zu ersetzen. Die
Schweiz ist ohne ihre Alpengrenzen auf drei Seiten nicht denkbar,
während die Ausdehnung ihres nördlichen Hügellandes über den Rhein
hinaus oder die Umfassung eines mehr oder weniger grossen Theiles
der Jura durchaus nicht zu ihrem Wesen gehören. Der mit dem
Meere verbindende Unterlauf eines Flusses ist unersetzlich, für den
Schiffahrtsweg des Mittellaufes kann eine Eisenbahn wenigstens zeit-
weilig eintreten. Jenes sind Werthe, die fortschreitend mit steigender
Kultur wachsen, diese mögen zeitweilig abnehmen.

Die praktische Consequenz der organischen Auffassung ist die Verur-
theilung der mechanischen Gebietsvertheilungen, die einen politischen Körper
wie den Leichnam eines geschlachteten Thieres behandeln, aus dem Stücke
unbekümmert wo? und wie gross? herausgeschnitten werden, weil es doch
nicht mehr auf das Leben ankommt. So kann man von England sagen,
dass sein Herausschneiden des Niger-Benuë-Systems bis Say und Yola den
ganzen westlichen Sudan verstümmelt und besonders das gesunde d. h.
organische Wachsthum der deutschen und französischen Kolonien an der
Gold- und Sklavenküste unmöglich gemacht hat. Deutschland hätte ein
natürliches Recht eine Ausdehnung an den schiffbaren Benuë und Niger zu
verlangen, so wie es sie an die grossen Seen Ostafrikas, den Sambesi und
den Tsadsee gewonnen hat.

Die inneren Unterschiede eines Staates sind also grösstentheils
geographisch begründet, und die geographische Beziehung zum Ge-
sammtorganismus bestimmt ihren Werth. Das gilt von den einzelnen
geographischen Erscheinungen, wie von den Provinzen und den
natürlichen Abschnitten. Geographische Elemente eines Landes, die
in der Richtung seiner wichtigsten Eigenschaft wirken, haben den
grössten Werth, weil sie sich zu einer Summe schon vorhandener Vortheile summieren. Für die Pyrenäenhalbinsel sind die Pyrenäen von
besonderer Bedeutung. weil sie die Halbinselnatur fast bis zum Insularen steigern. In der älteren Geschichte der Apenninenhalbinsel
kam dem Po eine ähnliche, wichtige Stelle wie in der neueren den
Alpen zu; auch er steigerte den Vorzug der Halbinselnatur. Wie
viel weniger bedeuten in anderer Lage mächtigere Flüsse als dieser.

Eine steile, hafenreiche Küste steigert die Vortheile, die einer Insel ohnehin zukommen und vermehrt daher die politische Kraft des Inselstaates. Für ein Land von vorwiegend continentaler Entwickelung bedeutet sie viel weniger. Fügen sich solche Gebiete einem Staatsgebiete zu, dann entstehen jene plötzlichen Steigerungen der politischen Bedeutung, deren wir oben (S. 35) gedacht haben.

Wirtschaftsgebiete als Organe.

Die politische Arbeit eines Staates ist über sein ganzes Gebiet hin nicht so verschiedenartig, dass durch sie die Organbildung wesentlich gefördert werden könnte. Die Unterschiede der Lage und die Concentration reichen nicht dazu hin. Die wirthschaftliche Arbeit aber ist abhängig vom Klima und der Bodenart, zwei Eigenschaften, die politisch ohne unmittelbare Bedeutung, aber geeignet sind, die wirthschaftliche Bedeutung der Länder tief verschieden zu machen. Wenn ein Staat eine Provinz wegen ihres Getreide- und die andere wegen ihres Holz- und eine dritte wegen ihres Silberreichthums nöthig hat und darum sie seinem Gebiet anschliesst, so stehen sie thatsächlich zu dem ganzen Wirthschafts-Organismus wie Organe. Verliert er eins davon, so verarmt das ganze und wird einseitig. Ist dagegen der Wirthschafts-Organismus des Staates so, dass die Gebiete ihre Rechnung in der Zugehörigkeit dazu finden, so wird der Zusammenhang des Ganzen um so fester. Aegypten in seiner Stellung im Römischen Reich wird immer eines der grossartigsten Beispiele eines ganz zum Organ heruntergedrückten Gebietes sein.

Die politische Unfreiheit Aegyptens, das allein unter allen römischen Provinzen keine Vertretung hatte, verband sich mit seiner wirthschaftlichen Ausbeutung, um daraus die wichtigste Stütze der Macht des Kaisers zu machen. Aegypten war in vorrömischer Zeit die erste Finanzmacht der mittelmeerischen Welt und die Römer fuhren fort, aus dem Lande den möglichst hohen Ertrag herauszuwirthschaften. Dieses Muster für die intensive Ausbeutung eines Bodens und Volkes wurde ihnen nicht vergebens vorgehalten. Die Logiden besonders waren ihre Lehrmeister. Aegypten, das nie senatorisch, sondern immer kaiserlich war, wurde wie ein Ackergut bewirthschaftet. Die Römer haben wesentliche Verbesserungen in den Kanälen und Schleusen eingeführt. Je abhängiger Italien von den anderen Getreideländern wurde, desto wichtiger wurde der Besitz Aegyptens. Aegypten und Afrika lieferten zwei Drittheile des Getreides, das Italien zu seinem Unterhalt in der späteren Kaiserzeit brauchte. Durch Aegypten hielt der Kaiser

Italien in Schach. Vespasian sicherte sich die Krone, indem er Italien durch seine Truppen besetzen liess und die Herrschaft über Aegypten selbst ergriff. England ist gegenwärtig im Begriff Aegypten zu einer verkehrspolitisch ähnlich wichtigen Stellung in seinem Weltreiche umzubilden.

Auch in dem wirthschaftlichen Organismus kommt aber doch stets die Summe der Uebereinstimmungen in den natürlichen Eigenschaften der Erde wieder zur Geltung und drängt die Tendenz auf Organbildung zurück. In demselben Sinne wirkt zugleich die Grundähnlichkeit der Menschen über die weitesten Gebiete hin. Sie verbietet es, dass man sie gruppenweis auf die Dauer wie die Räder einer Maschine behandelt. Die Niederhaltung der Gewerbthätigkeit in Kolonien, die das Mutterland zur einseitigen Erzeugung von Dingen des Landbaues und der Viehzucht zwingen will, gelingt auf die Dauer nicht. Ebensowenig die Abschliessung von natürlichen Handelswegen zu Gunsten derer des Mutterlandes. Spanien hat über solche Versuche sein Kolonialreich in Amerika eingebüsst, für England liegt die grösste Schwierigkeit Indiens in der Unmöglichkeit, die dem Mutterland abtragthuende Entwickelung des dichtbevölkerten Landes auf Industrie und Handel hin zu hemmen.

Jede menschliche Gemeinschaft ist beständig im Kampf mit der Aussenwelt und mit sich selbst, um ihr selbständiges Leben. Sie will ein Organismus bleiben und alles arbeitet in dem ewigen Wechsel von Auflösung und Neubildung, der die Geschichte bedeutet, daran, sie zum Organ herunterzudrücken. Es ist augenscheinlich, dass ihre Stellung in diesem Kampfe sehr schwer ist. Wir sehen ununterbrochen die Eingliederung selbständiger Existenzen in grössere Vereinigungen vor sich gehen und selten durch neue Aussonderungen ersetzt werden. Heute giebt es auf der Erde nur 54 Staaten, die den Namen selbständiger verdienen, wo es noch vor einigen Jahrhunderten ebensoviel Tausend gegeben hat.

Der Weltverkehr arbeitet darauf hin, die ganze Erde in einen einzigen wirthschaftlichen Organismus zu verwandeln, in dem die Länder und Völker nur noch mehr oder weniger untergeordnete Organe sind. Es braucht die grösste Energie und Ausdauer eines Volkes, um sich in dieser centralisirenden Bewegung selbständig zu erhalten. Wie viele Ströme des Welthandels fliessen jetzt schon

London zu! Politisch wird dies grosse Ziel wohl niemals zu erreichen sein, doch verwirklicht sich das nie dagewesene vor unseren Augen, dass wenigstens ein Erdtheil ein politisches Ganze wird: Australien.

III.

Die Entwickelung des Zusammenhanges zwischen Boden und Staat.

Der Boden in der Entwickelung des Staates.

Die Entwickelung bringt auch im Organismus nur das zum Vorschein, was darin lag. Nichts Neues kommt hinzu, nachdem die Befruchtung geschehen ist, als was der werdende Organismus assimilirt. Also ist auch in dieser Entwickelung kein Riss und kein Sprung, sondern Eine Richtung wird unter allen Verwandlungen festgehalten. Soweit der Staat Organismus ist, gilt für ihn diese Regel. Sein lockerer Bau erleichtert allerdings das Eindringen fremder Elemente in den werdenden wie den fertigen Staat, die aber nur mechanisch hemmen oder fördern können. Die Entwickelung vollzieht sich einheitlich von der Verbindung weniger Menschen mit einem Fleck Erde an bis hinauf zum Grossstaat. Die Elemente bleiben immer dieselben, aber ihre Beziehungen sind nicht immer gleich eng und nehmen nicht immer die gleiche Form. Doch führt durch ihre Wandlungen sicher hindurch die Regel, dass jede Beziehung eines Volkes oder Völkchens zum Boden politische Formen anzunehmen strebt und dass jedes politische Gebilde die Verbindung mit dem Boden sucht, so dass auf keiner Stufe der Boden fehlt.

Da nun für den Menschen und seine Geschichte die Grösse der Erdoberfläche unveränderlich ist, so wächst die Zahl der Menschen, während der Boden, auf dem sie wohnen und wirken müssen, derselbe bleibt. Er muss also immer mehr Menschen tragen und mehr Früchte geben, wird dadurch auch immer begehrter und werthvoller. Daher zunehmend engere Beziehungen zwischen Volk und Boden, deutlicheres Hervortreten des Bodens im Staat. Selbst im alten Lande entdeckt die Wirthschaft und die Politik immer neue Vortheile.

Man könnte sagen, die Geschichte werde mit jeder Generation immer geographischer oder territorialer. Die Geschlechter vergehen, der Boden bleibt bestehen. Und jedes folgende Zeitalter misst seinen Boden mit grösseren Maassen als das vorige. Verlorene Millionen von Menschen ersetzen sich wieder. Jeder europäische Staat verliert beständig von seinem Volke durch Auswanderung und man hat sich gewöhnt, darin etwas Gewöhnliches und nicht zu Aenderndes zu sehen. Deutschland hat viele Jahre hindurch über 100,000 Auswanderer fortziehen sehen. Wie anders hätte es den Verlust der 2 bis 3000 qkm empfunden, auf denen sie gesessen hatten! In dem Festhalten am Boden liegt die Gewähr der Dauer eines Staates: das ist der wichtigste Grundsatz der praktischen Politik. Darum werden nicht bloss die Kriege um Boden, um Landbesitz geführt, sondern alle geographischen Vortheile steigen ununterbrochen im Werth, denn es giebt immer mehr Nachfrage bei zunehmender Volkszahl und steigender Kultur.

Dass nun der Besitz des Bodens und die Herrschaft über den Boden auf den ersten Stufen der Entwickelung des Staates zusammenfallen, um dann immer weiter auseinanderzurücken, ist die Ursache, dass die Auffassung des Staates als Organismus einseitig und unvollständig, und damit die Entwickelungsgeschichte des Staates getrübt, ja undurchsichtig geworden ist. Man sieht vor sich die wirthschaftliche Besitznahme und ahnt nicht, dass in ihr die politische steckt. Man sucht dort vergebens die Merkmale des Staates der geschichtlichen Völker: eine beträchtliche Ausdehnung, bestimmte Grösse, bekannte Grenzen, eine Regierung und ihre Beamten und Krieger. Unter unseren Augen sind Besitznahmen und Staatenbildungen auf Neuland vor sich gegangen, in denen wir nur die eine oder die andere, aber nicht die nothwendige Verbindung beider wahrnehmen. Und doch ist jede Neuansiedelung im Hinterwald oder in der Savanne Nordamerikas oder Südafrikas in den ersten Anfängen beides.

Es wäre nicht schwer gewesen, die Entwickelung des Staates in der Reihe der Völker zu verfolgen, wenn nicht die leidige Neigung die Sache mit den Worten zu verwechseln, auch die Auffassung der Entwickelung des Staates irre geführt hätte. Wenn in den Namen der politischen Mächte die Stämme und Völker zuerst allein hervortreten, so liegt darin kein Beweis, dass bei ihnen die territoriale Grundlage noch gar nicht gewürdigt war. Wollen wir vielleicht die Völker übersehen, wenn wir von Ländern und

Territorien sprechen? Die falsche Auffassung eines gesetzlosen Naturzustandes, der wie eine uralte allverbreitete gemeinsame Grundlage noch in erkennbaren Resten die Zustände der Gegenwart unterlagern soll, kommt diesem Missverständniss zu Hilfe. Es ist leicht ausgesprochen: Ohne die Idee des Staates leben die Völker gleichsam nur ein physisches Dasein neben einander. Aber wo finden wir das? Der Beweis bleibt aus. Er ist überhaupt nicht zu führen. Wir kennen kein staatsloses Volk. Es ist nur eine unvorsichtige Art sich auszudrücken, die den Anschein einer solchen Auffassung erweckt, wenn z. B. Ranke von den Slawen des 9. Jahrhunderts sagt: Die Wanderungen waren vollbracht, die Völker begannen sich in politischen Bildungen zu versuchen. Die Staatslosigkeit niedriger Culturstufen ist eben auch eine von den Vorstellungen, mit denen sich der Culturmensch schmeichelt. Er möchte eine unergründliche Kluft zwischen sich und den nackten Wilden wissen, wo der Unterschied doch nur der ist, den die Geschichte von dem britannischen Fürsten Caratacus versinnlicht, den in Rom nichts so sehr erstaunte, als dass die Herren solcher Paläste nach seiner armen Heimath Verlangen tragen konnten. Er ahnte nichts von dem politischen Werth des Bodens, der unabhängig ist von seiner Armuth oder seinem Reichthum, so wenig wie so mancher Indianerhäuptling, der in dieser Ahnungslosigkeit werthloses Oedland seines Stammes hingab, auf dem der Staat der Weissen dann bedrohlich emporschoss.

Natürlich hat aber diese Entwickelung eben im Boden auch ihr Maass und ihre Schranken. In der Art, wie der Staat mit dem Boden zusammenhängt, giebt es zwei Extreme, die im Verhältniss der Volkszahl zum Boden begründet sind. Diese Verbindung ist locker, wenn wenig Menschen in einem Lande sind, denn entsprechend klein ist die Zahl der Bande zwischen dem Volk und dem Boden. Sie wird aber auch wieder locker, wenn zuviel Menschen in einem Lande wohnen. Wenn für einen grossen Theil die Verbindung mit dem Boden durch eigenen Besitz aufhört, wird für diese das Interesse am Lande entsprechend gering. Es kann so gering werden, dass die Auflösung aller wirklichen Bande mit dem Boden nicht mehr als ein Opfer empfunden wird: der Ueberschuss der Bevölkerung, für den die Beziehung zum Boden fast zu Nichts zusammengeschwunden ist, wandert aus, um einen neuen Boden zu suchen. Zwischen diesen äussersten Punkten liegt eine Entwickelung von grösster Mannigfaltigkeit, in der die Vertheilung der Bodenantheile an die Bewohner und Staaten zu Arbeit, Besitz und Herrschaft die wichtigsten Unterschiede bedingt.

Können wir überhaupt von einem rein sozialen Leben der Menschheit, d. h. ohne bewusste Verbindung mit der Erde sprechen,

wo nicht das Wesentliche in der organisch nothwendigen Beziehung
des Menschen zu Boden sich ändern kann, sondern nur die Auffassung dieser Beziehung? Wir gehen nicht mit Mücke soweit, »in
der räumlichen Gleichheit des Ursprungs, die die Seele des Urmenschen
erfüllte«, den Schlüssel für alle Geheimnisse der Urgesellschaft zu
suchen[1]), sind aber der Meinung, dass je enger der Raum war,
den eine Gruppe von Menschen, sei es Familie oder Horde, umfasste,
um so wichtiger er sein musste für das Bewusstsein ihrer Zusammengehörigkeit. Die Entwickelung des Staates kann nur eine räumliche
Thatsache sein. Nicht eine Entwicklung aus einem raumlosen Leben
zu einem bestimmten Raum in Anspruch nehmenden ist wahrscheinlich, sondern der Raum war und blieb ein Lebenselement der
Menschen und ihrer Gruppen. Die Entwickelung liegt vielmehr
darin, dass im Lauf der Geschichte Eigenschaften des
Raumes entdeckt wurden, die man vorher nicht gekannt
hatte. Und diese Entwickelung hängt mit der politischen Entfaltung
der Völker auf das engste zusammen und zwar so, dass diese sich
über immer weitere Räume ausgebreitet und sich immer inniger
mit dem Boden verflochten hat, und darin heute noch fortschreitet
und auch noch immer weiterschreiten wird. Gehen wir auf die
einfachsten Staaten zurück, die man kennt, so begegnen wir auf
keiner Stufe der Losgelöstheit vom Boden, die man nach manchen
Theoretikern zu finden erwartet. So wenig die Menschen, die das
Volk des Staates ausmachen, sich über den Boden erheben können,
so wenig vermag es ihr Staat. Wohl hängt er aber nicht auf allen
Stufen der Entwickelung gleich innig mit dem Boden zusammen
und es ist selbstverständlich, dass immer dann das sociale Band
deutlicher wird, wenn das des Bodens zeitweilig zurücktritt, denn
die beiden ergänzen einander im politischen Zusammenhalt des
Volkes. Wir halten es mit vollem Recht für undenkbar, dass ein
Staat von heute sich aus seinem Boden reisst und die Gesammtheit
seiner Bewohner nach einem neuen Lande verpflanzt. Die Kolonial-
geschichte lehrt in tausend Beispielen, dass Bruchstücke eines Volkes
sich verpflanzen, aber um die Verpflanzung ganzer Völker zu finden,
muss man um Jahrhunderte in der Geschichte zurückgehen und man
wird dann immer finden, dass ein solcher Vorgang nur bei kleinen
Völkern sich vollenden konnte und dass nicht selten die Rückkehr

auf den alten Boden die Festigkeit des unterschätzten Zusammenhanges bezeugte. Zwangsweise Versetzungen, wie sie ganze
Stämme der Indianer und Australier betroffen haben, beweisen natürlich nichts. Ihre fast ausnahmslos traurigen Wirkungen auf die
Verpflanzten zeigen zum Ueberfluss das Unnatürliche dieser gewaltsamen Eingriffe.

Ueber die Ausdehnung d. h. die Grenzen ihrer Gebiete
konnten die ärmsten Stämme Australiens manchmal keine Auskunft
geben, aber indem sie zu denselben Jagd- oder Fischplätzen
oder Fruchtbäumen zurückkehrten, auf deren Genuss sie ein ihnen
ganz zweifelloses Recht festhielten, zeigt sich der Stamm fest an
ein Stück Boden gebunden, dessen Besitz er jeden Augenblick mit
den Waffen vertheidigen wird. Dass er diesen Boden nicht scharf
zu umgrenzen weiss und im Falle eines Kampfes ihn vielleicht auch
preisgiebt, dass das politische Recht der Gesammtheit des Stammes
auf ihn nicht von dem Recht auf seinen Ertrag getrennt ist, das
sind alles keine Beweise gegen die Verbindung des Stammes mit
diesem Boden. Auch dass die Rechte einer exogamischen Stammes-
gruppe der Melanesier sich mit denen einer anderen auf demselben
Boden bunt kreuzen, berechtigt nicht zur Annahme der Staatslosigkeit. Die Besitzrechte durchkreuzen ja auch auf höheren Stufen die
Staatsangehörigkeit. Verfolgt man einmal die Beziehungen kleiner me-
lanesischer oder afrikanischer Häuptlinge und ihrer Völkchen zum Boden, so sind zwei Fäden so deutlich, dass man sie nicht übersehen
kann. Durch ihren Glauben sind sie an die Stätten gebunden, wo die
Leichen ihrer Ahnen beigesetzt sind, und nicht selten spielen darin
auch heilige (tabuierte) Haine eine Rolle. Nicht leicht wird ein
afrikanisches Volk den heiligen Berg aufgeben, auf dessen Höhe jeder
neue Herrscher in Verkehr mit den Seelen seiner Vorgänger tritt.
Wirthschaftlich aber hängen sie mit den Stücken Land zusammen,
die ihnen ergiebige Ernten liefern. Den fruchtbaren, von Galerien-
wald beschatteten Thalgrund, in dem die unentbehrlichen Colocasia-
Pflanzungen angelegt sind, wird kein Stamm der Sandeh freiwillig
räumen; das umliegende Land aber hält er für die Jagd und des
Schutzes wegen fest und macht die es durchziehenden Wege für
alle Fremden durch Fallgruben, vergiftete Fussangeln und dgl. un-
gangbar. Der Stamm hängt allerdings nicht in allen seinen Theilen

gleich eng mit diesem Boden zusammen. Die Sklaven, die von aussen hergekommen sind, gewiss am wenigsten, die Hörigen, die ihn seit Generationen bebauen, am meisten. Die Herren aber, die von der Arbeit dieser beiden Classen auf diesem Boden leben, schützen ihre freie Existenz, indem sie die Grenzen dieses Stückes Boden behüten, und ihr Zusammenhang ist der eigentlich politische, so wie sie ja in ihrer eigenen Vorstellung den Staat bilden.

Wo die Gentilverfassung das Gewicht auf den persönlichen Zusammenhalt der Stammesglieder in dem Stamme legt, da ist auch in diesem Geschlechtsverband die Beziehung des Einzelnen zum Boden die des Geschlechtes. Er hat keine Beziehung dazu für sich, entsprechend der Gebundenheit des Individuums im Geschlecht. Indem er sich diese Beziehung für einen erst kleinern, dann immer grösseren Theil des gemeinsamen Bodens durch die Anerkennung des Werthes seiner Arbeit erwirbt, löst er sich auch in anderer Beziehung aus den Banden des Geschlechtes und stellt sich ihm immer selbständiger gegenüber. Je grössere Bedeutung auf dieser Stufe für eine ackerbauende und herdenhütende Gemeinschaft bei Zunahme der Zahl und des Wohnungsbedarfes der Boden hatte, um so grösser war die Wirkung jeder Aenderung in den Beziehungen zum Boden auf den ganzen Process der Selbständigmachung des Einzelmenschen. Und die Summe der Kraft mit der die Einzelnen als solche am Boden haften ist grösser als die des Geschlechtes, ebenso wie auch die Summe des Bodens, dessen sie bedürfen, die des Geschlechtes übertrifft. Schon im 7. und 8. Jahrhundert verloren in Deutschland die Dörfer den Charakter der Geschlechtsgenossenschaft und wurden zu Vereinigungen von Einzelnen verschiedener Abstammung, die der gleiche Wohnort und die gleiche Arbeit zusammenhielt. Die wachsenden Unterschiede des Grundbesitzes setzten Stände und Interessengruppen an die Stelle der Geschlechter und bestimmten endlich den tiefsten Unterschied im Inneren des umgebildeten Volkes, den von Freien und Unfreien. Als Markgenossenschaft oder Dorfgemeinschaft wird nun das Geschlecht zur ackerbauenden Gemeinde, die ihr gemeinsames Land, den Ager publicus, das Folkland besitzt. Man kann die Markgenossenschaft das Geschlecht in der territorialen Form oder Ausprägung nennen. So ist der Gau (pagus, shire) die territoriale Ausprägung des Stammes und eine Anzahl von Gauen machen das Gebiet eines Reiches aus. Auch die Hundertschaft ist immer nur als eine territoriale Vereinigung zwischen Gemeinde und Gau zu denken. Hatten diese Beziehungen Zeit sich zu befestigen, dann erhob sich immer deutlicher die Vorstellung des Besitzes des Landes über die der Beherrschung. Im europäischen Mittelalter sind die beiden gar nicht zu trennen, bei den Griechen und Römern lassen sie sich noch wohl auseinanderhalten. Auch diese nahmen das Land unterworfener Völker und gaben es ihren eigenen Volksgenossen, aber die Auffassung der Herrschaft als eines Besitzes, brach erst im Mittelalter so ganz durch, wo Land und persönliche Leistungen die grossen Tauschmittel waren. Im politischen Sinn

wor das eine falsche Schützung des Bodens, die zur Zersplitterung der Reiche
und zur Erniedrigung des Bodens zur Waare führte.

Morgans Entgegenstellung von Societas und Civitas.

Mit der grössten Unwahrscheinlichkeit ist also von vornherein
die MORGAN'sche Entgegensetzung zweier grundverschiedener zeitlich
aufeinander folgenden Staats- oder Regierungsformen behaftet, deren
frühere auf das Volk gegründet ist, während die neuere auf einem
Stück Erdboden, dem Gebiet oder Territorium beruht[2]. Er stellt
sie einander als Societas und Civitas gegenüber. Sie ist nicht aus
den Thatsachen der Erfahrung abgeleitet. Für die erste, · auf rein
persönlichen Beziehungen begründete Form sollen aus dem Geschlecht
(Gens), das ihre Einheit ist, aufeinanderfolgend die Phratrie, der
Stamm und die Conföderation der Stämme, die ein Volk oder eine
Nation bildet, sich herausgebildet haben. Zu allerletzt erschien aus der
Verschmelzung der Stämme, die nebeneinander das gleiche Gebiet
bewohnen, ein Volk mit einem einheitlichen Gebiet. So war an-
geblich die politische Organisation der Griechen und Römer, auch
nachdem eine höhere Kultur unter ihnen aufgeblüht war. Da erst
erfanden sie die territorialen Einheiten der Stadt und des Stadtbe-
zirkes, womit nun eine neue Epoche politischer Entwickelung an-
heben soll. Auch wenn nicht die Kenner des klassischen Alterthums
dieser Auffassung entgegenträten[3], würde uns schon das Schematische
ihrer Gliederung zurückstossen, das der Mannigfaltigkeit der geographischen Grundlagen ebenso widerspricht, wie der ungleichmässigen
Verbreitung der Kultur über die Erde. Der zu Grunde liegende
Gedanke, dass die in den homerischen Epen geschilderten Zustände
einer Oberstufe der Barbarei angehörten, durch die nothwendig alle
Völker einmal gegangen sein müssten, ist geographisch und ethno-
graphisch unmöglich. Der weitaus grösste Theil der Kulturmittel
und Kulturergebnisse ist nicht an Ort und Stelle entstanden, sondern
von einzelnen frühreifen Gebieten in allen Richtungen mit wechseln-
der Geschwindigkeit über die Erde hingetragen. So wenig wie die
Mondfluth an allen Küsten gleichzeitig erscheint, sind auch die tau-
sende von kulturtragenden und -fördernden Bewegungen gleich
schnell über die Erde geschritten. Sie haben sich summiert, sich
gekreuzt, einander gehemmt oder ausgeschlossen und ungemein ver-

schieden war die Empfänglichkeit des Erdbodens und der Völker
für sie in den verschiedenen Ländern der Erde. Wie will man sie
in ein für alle Länder und Völker gleichmässig giltiges Schema ein-
fangen? Allerdings bindet alle Staatenbildungen alter und neuer
Zeit die gemeinsame Grundlage des Bodens zusammen. Sie ist es,
die auch allen ohne Ausnahme den Zug einer gemeinsamen Nothwendigkeit verleiht. Es sind allgemein giltige Gesetze, die die wachsende Innigkeit der Beziehungen der Bewohner zu ihrem Boden mit
fortschreitender Volkszahl bestimmen und die auch den wirthschaftlichen Beziehungen mit der Zeit eine politische Form geben.

Aber gerade diese langsame Ausbreitung und Vertiefung der Beziehungen zwischen dem Staat und seinem Boden macht eine Classifica-
tion wie die Morgan'sche unmöglich. Man kann diese Unterscheidung
zwischen der Societas und Civitas ebensowenig annehmen wie seine
Unterscheidung von Kulturperioden mit und ohne Bogen oder mit und
ohne Thongefässen. Es liegt diesen wie jener derselbe Fehler der
ethnographischen Auffassung zu Grunde, dass Unterschieden der geographischen Verbreitung ethnographischer Merkmale eine menschheits-
geschichtliche Bedeutung beigemessen wird, die durch keine einzige
Thatsache erhärtet wird[1]. Bogen und Pfeile und Thongefässe werden hier erzeugt und verwendet und sind dort unbekannt, ohne dass
das hier oder dort den geringsten Unterschied in der Kulturhöhe
bedingte. Afrikanische Völker, die Bogen und Pfeile verschmähen,
stehen an kriegerischer Organisation hoch über anderen, die diese
Waffen benützen. Wir sehen ein Volk sie ablegen und ein anderes
sie aufnehmen; hebt sich dieses damit auf die Stufe der Barbarei
und sinkt jenes darunter? Keines von beiden. So finden wir eine
vom Territorium weniger abhängende politische Organisation bei den
kulturlich hochstehenden Mongolen und ein enges Verwachsen-
sein mit dem Boden bei weit unter ihnen stehenden Negern oder
Polynesiern. Und aus spanischen Einwanderern, die aus einem
Lande fester, stellenweis schon gedrängter Ansässigkeit stammen, entwickelte sich in den Llanos von Venezuela das unstäte Geschlecht
der Llaneros das sich nach Jahrhunderten noch nicht in fest begrenzte territoriale Verhältnisse zu fügen gelernt hat. Das ist eine
Veränderung im Verhältniss zum Boden und in der Lebens- und
Wirthschaftsweise, aber kein Rückfall auf die barbarische Stufe.

Es liegt uns noch viel näher, an jene politischen Zustände unseres eigenen Bodens zu erinnern, wo der Staatsbegriff sich nicht
mit einer bestimmten, womöglich eng zusammenhängenden räumlichen
Ausdehnung deckte, sondern in einer Masse von weit zerstreuten
Besitzungen, Rechten, Verpflichtungen aufging. An eine kartogra-
phische Darstellung einer politischen Macht des Mittelalters geht der
historische Kartograph immer mit dem Gefühl, dass das eine Aufgabe ist, die gar nicht rein gelöst werden kann. Aus einer politischen Karte des heutigen Deutschland ist doch wenigstens die Grösse
und Lage des Reiches, also zwei entscheidende Machtfaktoren zu
erkennen. Die Macht eines Hohenstaufenkaisers oder Heinrichs des
Löwen setzt sich aus einer kaum übersehbaren Summe von Einzel-
berechtigungen zusammen, in denen zusammengenommen mehr Macht-
quellen fliessen mochten als in der direkten Herrschaft über einen
bestimmten Landstrich. Es spricht aber hieraus eine viel geringere
Schätzung des politischen Werthes des Bodens, als man z. B. in
Peru in der guten Zeit der Inkaherrschaft findet. In Indien findet
der europäische Beobachter, der an der Zusammenfassung der Völker
in grosse territoriale Gruppen und an Ideen gewöhnt ist, die in solchen Worten wie Vaterland, Mutterland, Patriotismus, Heimath und
dgl. liegen, sich schwer mit der Neuigkeit ab, dass er in einem seltsamen Theil der Erde weilt, wo das Staatsbürgerthum ganz unbekannt, eine Gebietsherrschaft oder selbst der Feudalismus zersetzt
und verdunkelt sind. »Er entdeckt nach und nach, dass die Bevölkerung von Centralindien nicht in grossen Staaten, Nationalitäten
oder Religionen, nicht einmal in weitverbreitete Rassen getheilt ist,
wie die, die in Osteuropa um das politische Uebergewicht kämpfen,
sondern in verschiedenen und mannigfaltigen Gattungen von Stämmen, Klans, Septen, Kasten und Unterkasten, religiösen Orden und
frommen Brüderschaften«.[6]) In jedem Lande Indiens kommt es vor,
dass die Bewohner ebenso wenige Sympathien für die mit ihnen auf
demselben geographischen Raume Wohnenden, ihre Landsleute haben
als für von aussen hereingekommene Eroberer, auch für die Europäer.
Das hat das Aufkommen der Europäer-Herrschaft so sehr erleichtert.
Die wichtigsten Eingebornenstaaten werden von ebenso fremden Herr-
schern regiert, wie die Europäer selbst sind. Und doch ist Indien als
Ganzes ein Land alter Kultur, wechselvoller Geschichte, dichter arbeit-

samer Bevölkerung. Vergessen wir aber nicht, nach der Betrachtung
dieser von einem fast erloschenen Sinn für den politischen Boden zeu-
genden Zustände den Blick auf die höchste Schätzung des Territorialen
in der Politik zu richten, die zu gleicher Zeit durch England Indien
beherrscht. Und bietet nicht das dieser Herrschaft vorangehende
Mongolenreich ebenfalls Belege für eine hinreichende Schätzung des
politischen Werthes des Bodens? Es war wie im mittelalterlichen
Deutschland so in Indien ein Verfall der territorialen Politik einge-
treten, der nichts anderes mit ursprünglichen Zuständen zu thun
hatte, als dass er einen Rückfall aus einer abgeschlossen geglaubten
Entwickelung bedeutet. Hier wie dort eine Rückkehr zu kleineren
Räumen, weil das Verständniss für die Bedeutung der grossen er-
loschen ist.

Brintons Entgegenstellung von Stamm und Nation.

Ohne die Sicherheit des Grundes genügend zu prüfen, hat der
tüchtige nordamerikanische Ethnograph Daniel G. Brinton das Morgan'sche Gerüst noch weitergebaut[1]. Es steht jetzt in einer dog-
matischen Form vor uns, in der es uns sicherlich noch sehr oft
wiederholt werden wird. Hier sieht man alle Vereinigungen der Menschen entweder begründet auf Blutsverwandtschaft oder auf das Gebiet
oder auf den Zweck. Diese drei Formen schliessen, für ihn, einander
aus, sind unvereinbar, stehen im Gegensatz zueinander, wirken ganz
verschieden auf das Individuum und die Rasse und gehören zu ganz
verschiedenen Perioden der Geschichte eines Volkes auf verschiedenen Stufen seiner Kulturentwickelung. Er sieht eine Regel mit
wenigen oder keinen Ausnahmen darin, dass die früheste Form der
sozialen Vereinigung die Blutsverwandtschaft, die Einheit der primitiven Horde die Familie, das zusammenhaltende Princip die reine
Abstammung ist. Kann er auch nicht leugnen, dass Adoption und
Weiberraub diesem Princip auf den untersten Stufen entgegenwirken,
so glaubt er doch, dass es das Ziel ihrer politischen Einrichtungen
gewesen sei. Die nächste Stufe steht im schroffsten Gegensatz.
»Auf ihr, sagt Brinton, wird alles nicht mehr von der Vorstellung
der Verwandtschaft, sondern des Landes beherrscht. Der Patriot
dieser Epoche ficht nicht mehr für seine Abstammung, sondern für sein
Land, nicht für seine Verwandten, sondern für sein Reich.« Die Nation

wirkt im Gegensatz zum Stamm auf die Niederwerfung der Verwandt-
schaftsschranken. Ein einheitliches Volk wird mit Bewusstsein angestrebt, ihm zu liebe werden die Stämme aus entlegenen Gebieten versetzt, die Spracheinheit wird hergestellt, wozu auch die militärische
Organisation beiträgt, die Stammesgottheiten machen einem nationalen
Gottesdienst Platz, eine neue weitere Ethik verdrängt die enge Stammes-
gesinnung, vermehrt die Zahl derer, die gemeinsame patriotische
Interessen haben, vergrössert den Raum der Pflichten. »Zum ersten
Mal in der Geschichte der Menschheit lernt der Einzelne die Bedeutung der Persönlichkeit kennen, er empfängt die werthvollste Lehre,
die die fortschreitende Civilisation der Menschheit ertheilen kann.«

Wenn uns in der unvollkommeneren Form der MORGAN'schen
Darstellung die Nichtberucksichtigung der grossen durchgehenden Entwickelungen in den Beziehungen zwischen Staat und Boden auffiel, so
berührt uns in dieser BRINTON'schen Formulierung nicht minder eigen-
thümlich der Mangel aller genetischen Verbindung zwischen den zwei
grossen Epochen des Stammes- und Nationstaates. Man kann doch unmöglich dafur den aus MORGAN herübergenommenen Hinweis auf die
Föderationen setzen. Es ist ja begreiflich, dass diese eine besondere
Wichtigkeit besassen in den Augen des Erforschers des Irokesen-
bundes. Aber in Wirklichkeit sind die freiwilligen Bünde in der
Geschichte der primitiven Staaten doch selten. BRINTON will damit
nichts anderes sagen als: durch die Verbindung der Stämme werden
die Schranken der Stammesstaaten durchbrochen und ihre Gebiete
verschmelzen zu dem grösseren Gebiete eines Volks- oder Nationstaates. Vergebens suchen wir nach einem Falle dieses Ueberganges
in der Geschichte der Naturvölker. Wir sehen dagegen in tausend
Fällen die Gebiete sich vergrössern durch Wachsen der Bevölkerung,
Ausbreitung des Verkehres und vor allem durch Eroberung. Und
dass jede Vergrösserung des Gebietes mit der naturgemäss auf
räumliche Selbstbeschränkung angewiesenen Stammesorganisation in
Conflikt kommen muss, ebenso wie sie dann auf höheren Stufen
der Entwickelung den nationalen Zusammenhang zerreisst, ist eine
greifbare Nothwendigkeit. Wie ein grosser Unterstrom durchwogen
die in das gemeinsame Bett der Raumvergrösserung zusammen
mündenden Ströme der Bevölkerungszunahme, des Verkehres und
der kriegerischen und räuberischen Ausbreitung den Grund der

politischen und gesellschaftlichen Organisationen der Völker. Und dieser Strom hat sich im Fortschritt der Jahrtausende nur immer mehr vertieft. Gegen ihn hielt die festeste Stammesorganisation nicht Stand und ohne ihn kam kein Volk- oder Nationstaat zu stande. Wie kann man glauben, ihn durch die Querbauten eines künstlichen Systems zerlegen zu können? Würden die Versuche von MORGAN, BRINTON u. Gen. von der immer regen Sehnsucht nach sauberen Kategorien gebilligt, so würde das nichts anderes bedeuten als die Vereitelung der Einsicht in die die Entwickelung der Völker treibenden Kräfte.

Ontogenetische Beispiele.

Das Gesetz der Wiederholung der Phylogenie in der ontogenetischen Entwickelung gilt auch für den Staat. Wo immer Staaten auf neuem Lande gegründet werden, wachsen sie aus derselben wirthschaftlichen Grundlage heraus, die abhängig ist von der Natur des Bodens und die werdende Gemeinschaft stellt immer dieselben Anforderungen an den Boden. Wohnung, Nahrung und Schutz fordern sich ihre Räume bei den Indianern oder Negern so gut wie bei den Weissen. Und sie schützend zusammenzuhalten ist in jedem Fall die Aufgabe des Staates. Fassen wir die jüngsten Beispiele grosser Staatenentwickelungen aus kleinen Anfängen ins Auge, so finden wir ja allerdings die Idee des Staates von Anfang an in sie hineingetragen, die in den ersten Anfängen der Staatenbildung noch nicht vorhanden sein konnte. Aber sie ist doch ohne Einfluss auf die ersten Entwickelungen, über denen sie gleichsam nur schwebt. Die jungen Staaten wollen sie gar nicht verwirklichen, sie wollen höchstens einen Staat im Staat bilden. Ihren eigenen selbstentwickelten Staat unter dem Schutze der ungarischen Krone aus einzelnen Dorfansiedelungen so selbständig wie möglich auszubilden, war das Streben der fränkischen Ansiedler auf dem Königsboden Siebenbürgens genau wie die ersten Ansiedler in Nordamerika jenseits der Alleghanies sich gegen das frühe Aufgehen in Virginien oder Nordkarolina wehrten.

Was ist die Geschichte der Begründung der westlich von den Alleghanies liegenden Staaten der Union als die Geschichte der Ausbreitung einzelner Ackerbauer, von denen jeder sein Stück Wald rodete und mit seiner früh begründeten Familie von dem dankbaren Ackerbau auf Neuland und der

Jagd lebte? Jeder war dort Herr auf seinem durch eigene Kraft erworbenen und geschützten Boden und jede Lichtung war ein kleiner Staat für sich. Von jenem Heros des Hinterwaldes, Daniel Boon, der am Yadkin-Fluss in Nord-Karolina aufgewachsen war und 1773 die erste Ansiedelung von diesseits der Alleghanies nach Kentucky führte, heisst es: Als er das Alter erreicht und sich verehlicht hatte, baute er ein Blockhaus und lichtete ein Stück Wald, um darauf Ackerbau gleich seinen Hinterwäldlernachbarn zu treiben. Jeder pflügte auf seiner eigenen Lichtung und es galt als selbstverständlich, dass ein Jeder der Jagd oblag [7]. Ein Minimum von Verkehr überliess die einzelnen Ansiedler oft viele Monate sich selbst. Niemand störte sie in ihrer Herrschaft über ein Gebiet, das alles umschloss, was zu einem Staat gehört: Siedelung, Feld und ringsumher Wald als Schutz- und Jagdgebiet.

Ueber dieser Kleinarbeit des in den politisch jungfräulichen Boden seine Miniaturstaaten selbständiger Siedelungen einpflanzenden Hinterwäldlers schwebt schon früh die mit weiterem Blick disponierende, mit grösseren Mitteln grössere Räume umfassende Unternehmung der gewerbmässigen Koloniengründer mit oder ohne Kapital. Jene Vorläufer werden ihre Werkzeuge, meist ohne es zu wissen. Ausserdem stehen in ihrem Dienst die Landvermesser, die überall im alten Westen Nordamerikas zu den Pionieren gehörten. Viele gingen auf eigene Faust hinaus, um Karten erst zu besiedelnder Gebiete aufzunehmen, durch deren Mitbesitz sie später mächtig und reich werden konnten. Die Laufbahn eines Landvermessers betraten begabte junge Männer, denen es nicht an Wagemuth fehlte, mit Vorliebe. Auch George Washington hat als Landvermesser im westlichen Grenzgebiet gearbeitet. Jener Nordcaroliner Henderson, ein einst reicher und einflussreicher Mann an der Grenze, der eine grosse »proprietary colony« plante, die Boon 1775 nach Kentucky führte, ist ein geschichtlicher Typus dieser planenden und spekulierenden Köpfe. Sein berühmter Vertrag von Sycamore Shoals (Watauga), den er wie ein souveräner Fürst mit den Tscherokihäuptlingen am 17. März 1775 schloss, ist der Anfang der Geschichte von Kentucky. Diese traten darin für Waaren und Geld alles Land zwischen den Flüssen Kentucky und Cumberland ab und Henderson sandte Boon aus, der in demselben Jahre Boonsborough als befestigten Mittelpunkt und Zufluchtsplatz der erst auf die Dauer berechneten Siedelungen in Kentucky gründete. Um Boonsborough herum lichteten die neuen Ansiedler den Wald, jeder wählte sich die Lage, die ihm gefiel und nahm soviel Land als er wollte. In den Indianerkämpfen, die hier die ruhige Entwickelung von Kentucky störten, bewährte sich diese Anlage als der feste Kern des jungen Staatswesens: »Boonsborough rettete Kentucky«.

Uebersehen wir die ganze Reihe der Vorgänge bei dieser Neubildung, so werden sie alle durch den Gedanken verknüpft, den eben im Osten verlassenen Boden sogleich wieder in grösserer Ausdehnung im Westen zu gewinnen und zu befestigen. Das war dieselbe Entstehungsweise der Staaten, die heute den »alten Westen«

bilden, wie sie 150 Jahre früher zum ersten Mal in Neuengland
15 Längengrade weiter östlich gewirkt hatte. Das englische Recht
auf den Boden Neuenglands war ja nur eine allgemeine Absicht,
selbst als Anspruch unerprobt und unanerkannt, als die ersten Ansiedler die Küste von Massachusetts betraten. Ihre Ansiedelungen
waren die einzigen wirklichen Staaten auf diesem Boden, allerdings
nur »Staaten im Keim«[*]), aber Staaten, die alle Elemente selbstündigen
Lebens — Heimstätte, Kirche, militärische Organisation und politische
Vertretung — umschlossen und früh selbst zum Schutze gegen äussere
Feinde sich genug waren. Die »Town« der Neuengländer musste
von Anfang an alle Aufgaben des Staates übernehmen. Unter welcher
Verleihung sie auch den ersten Küstenstreifen von Plymouth, Aquidneck u. s. w. betreten haben mochten, die englischen Einwanderer
waren zu ihrem Glück ganz auf sich selbst angewiesen und darin
liegt der Ursprung ihrer Selbstregierung, die auch für Kriegführung
und Friedensschliessung mit den Indianerstämmen und zu Verhand-
lungen über Landabtretungen sich vollkommen fähig und berechtigt
fühlte. Die sich selbst regierende »Town« mochte später nur noch
als ein Staat im Staat erscheinen, doch trat sie in den 13 Freistaaten
des Unabhängigkeitskrieges als der ganze Staat wieder selbstündig
hervor. Sie dachte zwischen 1620 und 1650 gar nicht an ein
Staatswesen mit eigener Politik, war aber ganz schon Staat und
schuf durch colonisierende Ausbreitung mit jeder neuen Town ein
neues Stück Staat. Diese Beispiele von der Schaffung politischer
Gebiete durch die Schöpfung wirthschaftlicher Gebiete mit Axt und
Pflug sind ausserordentlich mannigfaltig und häufig auch in der Geschichte Europas. Jede deutsche Ansiedelung im Osten schuf zunächst
nur Feldmarken, die sie allerdings womöglich natürlich begrenzte durch
Höhenzüge, Flussläufe u. dgl.; es handelte sich aber zuerst nur darum,
die Lage und Grösse des Eigenthums zu bestimmen. An eine genaue
Begrenzung der ganzen Gruppe von Ansiedelungen z. B. des Königs-
bodens in Siebenbürgen wird erst in zweiter Linie gedacht. Die
Hand des Königs ist schützend über den Einwanderern, die er ge-
rufen hat, aber der König ist weit, er schützt sie nur moralisch
durch seinen Verleihungsbrief. Auch sie müssen practisch der ganze
Staat sein.

Landlose Mächte und volkloses Land.

Landlos zu sein ist bei politischen Mächten nur ein vorübergehender Zustand. Mächte, die landlos waren, verbinden sich im Verlauf ihrer politischen Entwickelung mit dem Boden und streben dann oft gleich nach den weitesten Räumen, weil sie der Gewohnheit der beschränkenden Einwurzelung ledig geworden sind. Das Dalailamathum, das Papstthum, das Kalifat wurden grosse Mächte, indem sie sich mit einem kleinen oder grossen Lande zu theokratischen Staaten verbanden. Leicht geriethen sie mit langsameren und beschränkteren Ausbreitungen rein politischer Natur in Streit, die mit ihren Raumansprüchen collidierten. Oder es kam auch vor, dass diese die raumbewältigende Macht einer Idee für ihre eigene Ausbreitung benutzten, wie im Zarenthum der Russen oder in der Anknüpfung Napoleons I. an Karl des Grossen theokratisches Kaiserthum. Viele landlose Mächte, von denen die Geschichte zu melden hat, interessieren die politische Geographie nur insofern sie in einem lehrreichen Gegensatz zu den naturgemäss am Boden haftenden stehen. Die Macht der griechischen Cultur über Rom, die Beharrungskraft des Judenthums, die Stärke so mancher internationalen Vereinigung, mit keinem Staat organisch verbunden zu sein, beweisen endlich in ihrer Vergänglichkeit und ihrem schwankenden Wesen doch immer nur wieder, wie die Verbindung des Staates mit dem Boden naturgemäss und nothwendig ist. Landlose Völker, in geschlossenen Horden, tragen den Anspruch der Staatenbildung in ihrer Masse und Organisation, die von vornherein einen entsprechend geschlossenen Raum braucht. Sie gehören zu den erfolgreichsten Gründern und Erweiterern der Staaten. Nur nicht da, wo sie kein Land begehren, wie die frühesten Gothen- und Skythenzüge; diese setzten zwar Rom in Schrecken und störten den Gang der Regierung, aber ihre Spur war bald verwischt. Landlose Völker, in zerstreuter Verbreitung, erwerben nur Boden in Privatbesitz und gehören staatlich zu dem Volke, in dessen Land sie wohnen. So die Juden die schon in der römischen Kaiserzeit mehr in der Diaspora als in Judäa bedeuteten, die Zigeuner, die kleingewachsenen Jägervölker Innerafrikas und zahllose ähnliche Existenzen, die ihre Stelle meist nicht so sehr in der politischen Geographie als in der politischen Ethnographie zu finden haben. Eine besondere Art sind die unfertigen Staaten colonisierender Mächte in politisch rückständigen Ländern. Oft entwickeln sie sich ungemein rasch zu politischer Selbständigkeit. Das hansische Contor in Nowgorod war ein Staat höherer Entwickelung, festeren Rechtes in einem Lande niederer, jüngerer Entwickelung. Haben solche Völker oder Mächte erst Wurzel gefasst, dann gelingt es ihnen nicht, selten, die Herrschaft über den Boden an sich zu reissen und in primitiven Verhältnissen, wo ein räumliches Zwischenhineindringen möglich ist, gelingen solche Entwickelungen in wenigen Jahren, wie die Kioko in Lunda gezeigt haben. Die Araber sind in Ostafrika, die Europäer in Indien auf diesem Wege zur Herrschaft emporgestiegen. In den modernen Staaten hat man überall solche ursprünglich staatsfremde Elemente in die staatliche Gemeinschaft aufgenommen, wobei, wie in Nordamerika, die schwersten Rassenabneigungen überwunden worden sind. In ihrer politischen Geltung kommt dann aber doch manchmal wieder die geographische Verbreitung auf einem bestimmten Boden zum Ausdruck, wesshalb der »schwarze Gürtel« (the black belt) in den Südstaaten Nordamerikas, wo sich die Neger am dichtesten zusammendrängen und auf den sich immer mehr von ihnen zurückziehen, eine der wichtigsten Thatsachen der Politischen Geographie der Vereinigten Staaten geworden ist.

Eine der eigenthümlichen Erscheinungen, die innere Aehnlichkeiten scheinbar weit auseinandergehender Mächte enthüllen, bieten die Beziehungen zwischen landlosen Mächten und landlosen Völkern. Wie das Kalifat sich der Seldschuken bediente, machte das Papstthum gleichzeitig Gebrauch von den Normannen, an deren Stelle bei der Einschränkung der politischen Ziele, hauptsächlich Deutsche und Schweizer traten. Die Beweglichkeit jener landlosen Völker entsprach der Weitsichtigkeit der politischen Entwürfe theokratischer Mächte, welche zudem von der Scheu beherrscht wurden, das Schwert in die eigene Hand zu nehmen. Die Handelsfreistaaten, welche häufig ihren ganzen Landbesitz in eine einzige Stadt und ihren Hafen zusammenfassten und jeden Länderwerb ohne unmittelbaren wirthschaftlichen Nutzen als politischen Balast ansahen, sind landlosen Söldnern immer günstig gewesen, wofür die Verbindung Tarents und anderer italischer Griechenstädte mit Pyrrhus ein classisches Beispiel bietet.

Da die Menschheit in ihrem mit der Cultur immer zunehmenden Wachsthum auch immer weiter auf dem bewohnbaren Boden der Erde gegriffen hat, ist volkloses Land immer seltener geworden. Für uns gehört es der Geschichte oder dem Reich der Gedanken an. Die politische Geographie kann ein längst bewohntes Land, selbst ein geschichtliches sich als einen leeren Raum vorstellen, wenn sie es in einer Stellung betrachtet, für die es gleichgiltig, ob es bewohnt ist oder nicht. So nennt CLAUSEWITZ einmal die neutrale Schweiz im kriegsgeographischen Sinn einen See. Sie verhielt sich eben in einem kritischen Augenblick gerade so passiv wie eine Wasserfläche. Portugiesisch Ostafrika ist uns wichtig als die Verbindung Deutsch-Ostafrikas mit Südafrika, besonders mit Transvaal, ob und wie es nun auch bewohnt sei. An solche Abstractionen denken wir nicht, wenn wir jetzt von volklosen Ländern sprechen. Unsere Absicht ist keine andere als auch von dieser Seite her das Nothwendige in der Verbindung des Volkes mit dem Boden aufzuzeigen.

Wieviele leere bewohnbare Räume es einst auf der Erde gegeben haben möge, in den letzten Jahrhunderten sind die sogenannten Niemandsländer eine seltene, sonderbare, vorübergehende Erscheinung gewesen und heute giebt es nichts mehr von dieser Art[9]). Die Gleichstellung eines Landes mit einer Res Nullius: wilden Thieren und Vögeln, Fischen, ausgegrabenen Edelsteinen, so dass von dem Land als herrenloses Gut Besitz ergriffen werden könne, hat sich niemals in den letzten Jahrhunderten in der Wirklichkeit bewährt. Diese Theorie bestimmt nicht, in welchem Grad und Umfang Land in den neuen Besitz übergeht und hat die grössten Streitigkeiten über das Besitzrecht nicht verhütet. Die anderen Dinge, die Res Nullius sind, lassen sich ergreifen und begrenzen, nicht so die Länder. Die Vereinigten Staaten besitzen heute unbestritten den Boden, der den Indianern gehört hatte, auf den aber als ein Niemandsland zuerst Spanien kraft der »Auffindung« durch DE SOTO, Frankreich in Folge der Entdeckungen seiner Missionare und Pioniere und England auf Grund der Entdeckungen der Cabots Anspruch erhoben. Die Vereinigten Staaten haben diese Ansprüche der ersten »Finder« weder beachtet noch für sich selbst ausgenützt, weder den spanischen, den die Niederländer und Engländer nie annerkannt, noch den französischen, über dessen werthvollste Theile ihre Ansiedler in Kentucky und Ohio ohne Bedenken sich ausbreiteten. Wohl aber erkannten die Vereinigten Staaten in ihrer seit dem Ende des Unabhängigkeitskrieges inaugurierten menschlicheren Indianer-

politik als das einzige ursprüngliche Recht auf diesen Boden das
·der Indianerstämme an, die darauf gewohnt, gerodet und gejagt
hatten. Die zahlreichen seit 1789 mit Indianerstämmen geschlossenen
Verträge sind die thatsächliche Läugnung jener juristischen Auffassung des Landes der neuen Welt als eines herrenlosen Gutes.
Diese Auffassung mochte man gelten lassen, von einem Lande, das der
ersten Entdeckung nur natürliche Eigenschaften zeigt: Vulkane, Pflanzen, Thiere, aber keine Menschen. Island ist thatsächlich erst mit der
normannischen Entdeckung im 9. Jahrhundert ein geschichtliches und
damit ein politisches Land geworden, wenn auch dieser Entdeckung
eine keltische vorangegangen war. Man kann nicht dasselbe sagen von
Amerika, Australien und vielen oceanischen Inseln, die bereits Menschen in staatlichem Verband besassen, als die Weissen sie entdeckten,
in Besitz nahmen und ihren Staat siegreich dem der Eingeborenen
entgegensetzten. Nur in volklosen Ländern ist eine politische Neu-
anpflanzung möglich, nur ihnen wird durch die Entdeckung und
Besitzergreifung ein politischer Werth erst beigelegt. In allen anderen
muss der junge Staat an ältere Staaten sich anlehnen oder im Kampf
mit ihnen Raum zu gewinnen suchen.

Die politische Geographie der Gegenwart kennt kein nennens-
werthes Land innerhalb der Oekumene, das politisch ganz herrenlos
wäre. Selbst die Wüsten können nicht mehr als leere Räume auf-
gefasst, d. h. unbeachtet gelassen werden. Seit Jahren sehen wir
die Franzosen um die Herrschaft in der menschenarmen Sahara der
Tuareg zwischen Algerien und der Gebirgsoase von Air ringen und
Russland hat durch die Wüste von Turan eine strategische Bahn
gelegt. Die in den spanischen Zertheilungen Südamerikas wie ein
Meer als gemeinsamer Besitz der angrenzenden Provinzen betrachtete
Wüste ist sorgsam getheilt worden, seitdem sie sich als salpeter-
und ihre Gebirge als silberreich erwies. Wir finden politische Besitzungen an den äussersten Rändern der Oekumene in Ländern,
wo nur ein kleiner Bruchtheil des Bodens dem Menschen auf der
anspruchslosesten Stufe zugänglich ist. Im Lauf unseres Jahrhunderts
sind zahlreiche unbewohnte oceanische Inseln politischer Besitz geworden. Gegenwärtig strebt England die Erwerbung einer unbe-
wohnten Klippe im Archipel von Hawaii an, um dort sein Kabel
Vancouver-Australien zu landen[10]. Die Entwickelung der Beziehungen

zwischen Volk und Boden zeigt, dass dieser Zustand der Allbesetzung langsam im Laufe der Jahrtausende entstanden ist, in denen die Menschen auf der Erde immer zahlreicher und die Völker räumlich grösser geworden sind. Je weiter wir zurückgehen, desto mehr volklose Räume. So stetig ist diese Raumerfüllung fortgeschritten, dass wir jetzt von keinem einzigen Theil des Erdbodens wagen möchten zu sagen, er sei politisch werthlos, sondern vielmehr annehmen müssen, er fasse unentwickelte politische Möglichkeiten in sich, von denen wir gar keine Ahnung haben. Erst die Neuzeit kann das Wachsthum des Volkes als eine beständige nothwendige Thatsache auffassen und damit die Nothwendigkeit Boden für kommende Geschlechter vorzubehalten als ein Staatsbedürfniss erklären. Practische politische Folgen hat dem allerdings nur eine einzige Macht von allen, England, geben können, das aus seiner gesicherten Lage heraus und mit grosser Handelsthätigkeit und Auswanderung Länder jeder Art und Güte mit Beschlag belegt hat. Es ist der Sinn einer Grossgrundspeculation, der natürlich nur berechtigt ist, wo der um sich greifende Staat die Mittel hat, das Erworbene festzuhalten, wie England es bisher vermocht hat. Die bekannten, hoffentlich nun überwundenen Erörterungen, ob Deutsch-Ost- und Südwestafrika überhaupt werth seien von der Deutschen Flagge gedeckt zu werden, zeigten nichts von dieser höheren Erkenntniss des politischen Bodenwerthes und diesem weitblickenden Selbstvertrauen[11]).

Unbewohntes Land in kleineren Stücken ist natürlich in jedem grösseren Staat zu finden, wo es politischen Werth erlangt durch die Lage in der Peripherie, der es in Hochgebirgen, weit erstreckten Wäldern, Sümpfen und Steppen die Merkmale der natürlichen Grenze ertheilt. Im Innern des Staates kann es dagegen zur Lockerung des politischen Zusammenhanges Anlass geben, besonders wenn sich eine besondere Culturform auf sie stützt, wie auf die Steppen Irans der Nomadismus, der den ganzen Staat zu beherrschen strebt.

Abgestufte Beziehungen der Politik zum Boden.
Territoriale Politik.

Es giebt noch viele andere Abstufungen in den Beziehungen der Politik zum Boden. Von König Pyrrhus, dem landlosen, »nur eine Intelligenz und ein Söldnerheer«, führt eine Stufenleiter zu dem

modernen Staat, der jede Hektare seines Bodens mit dem angstvollen
Eifer des Geizigen bewacht. Wir nennen eine charakteristische Mittelstufe den für das Griechenvolk verhängnissvollen engen Zusammenhang der italischen Griechen mit Griechenland, in dem ein Wider-
streit gegen die politische Macht des Bodens lag, die für sie verloren ging, weil sie sich nicht ganz auf diesen italischen Boden stellten.
Das Verhältniss hat sich in Handelscolonien oft wiederholt. Man
pflegt es so auszudrücken: Das Land wird wirthschaftlich ausgebeutet, statt national erworben zu werden. Das war die Schwäche
der niederländischen Colonisation in Nordamerika, die Kaufleute an
die Küste sandte, im Vergleich mit der englischen, die Ackerbauer
über das Land ausbreitete. Den Vortheil der Häfen und des Schiffs-
weges sicherte für Corinth erst die Erwerbung fruchtbarer Lände-
reien am Acheloos. Wenn ein Land grosse Colonien gewinnt, ohne
den Bevölkerungsüberschuss zu haben, der den Boden sich und den
Seinen zu eigen machen könnte, wenn ein Herrscher Länder erobert,
zu deren Besetzung es ihm an Menschen fehlt, entsteht immer dieses
lockere vergängliche Verhältniss zwischen dem Staat und seinem
Boden. Als Friedrich der Grosse 1758 Ostpreussen militärisch auf-
gab, hatte er eingesehen, dass seine Armee zu klein war, um sein
weniger grosses als ausgedehntes Gebiet zu decken. Und doch
gehörte Preussen zu den Mächten, die damals die Armee, ganz ab-
sehend von der Grösse und den Hilfsquellen des Landes, als ein
Werkzeug betrachtete, das je nach Bedarf stark oder schwach sein
konnte. Preussen war eine Grossmacht durch seine Armee, ehe es
im territorialen Sinn Grossmacht wurde. Griechenlands Blüthe war
einst die einer Welthandelsmacht. Als es diese Macht verlor, erwies sich der eigene Boden zu eng und zu arm. Der Handelsgeist,
die Kunst, die Intelligenz wanderten aus. Schon zu Caesars Zeiten
war es nur ein Schatten der alten Grösse. Vorher schon hatte die
phönicische Colonisation gelehrt, wie verführerisch der Betrieb einer
grossen Politik ohne zureichendes Land und wie kurzlebig sie ist.
Selbst im Kampf der Griechen mit den Persern wog zuletzt das
Landübergewicht bei diesen das Culturübergewicht bei jenen auf.
Von Pericles, der Maass halten wollte in der Ausbreitung der Macht
Athens, sie nicht durch ihr eigenes Gewicht wollte fortdrängen
lassen, kann man unmöglich mit ERNST CURTIUS[12] sagen, er habe

seiner Vaterstadt eine unangreifbare Macht verbürgt. Denn gerade
er hatte noch nicht die Bedeutung eines grösseren Landbesitzes für
die dauernde Befestigung der politischen Macht erkannt, ohne die
alle Bildung, Reichthum, Handel, auf schwankendem Boden standen.
Ueberall in der Geschichte begegnen wir diesem wesentlichen Unterschied zwischen einer territorialen oder geographischen und einer
mehr politischen, allgemeineren, über den Boden, auf dem sie steht, sich
erhebenden Politik. Diese betrachtet den Boden nur mit Rücksicht auf
seine räumliche Ausdehnung, die ihn befähigt, grossen Entwürfen breite
Unterlage zu schaffen, während jene in dem Boden etwas sieht, worauf
man nur sicher fussen kann, wenn man es fest besitzt. Dieser umschliesst wohl nach der Regel, dass ein Element räumlicher Grösse in
der geschichtlichen Grösse liege, einen grossen Zug, jene aber den
Vortheil früherer Vollendung. Insofern diese auch über die Grenzen
einer Nation hinausgreifen will, setzt man ihr, der Weltpolitik, die
nationale gegenüber, der expansiven die sich concentrierende. Durch-
weht nicht ein Bodengeruch die Politik Franz I., die »für die Idee
von Frankreich« (Ranke) kämpfte, im Vergleich mit der des Kaisers,
die das allgemeine Uebergewicht geltend zu machen suchte, das
mit dem Begriff seiner Würde verbunden war, oder der Spaniens,
die auf eine Weltherrschaft über eine zumeist noch unbekannte Welt
hinaus ging? Noch in unserem Jahrhundert zeigte Oesterreichs jahr-
zehntelanges Ringen um den mühsam festgehaltenen und dann ohne
Rest aufgegebenen Einfluss im deutschen Bund die Vergänglichkeit
politischer Ansprüche, die nicht am festen Anker eines entsprechenden
territorialen Besitzes liegen. Dass Preussen mit $^2/_3$ seines Besitzes,
Oesterreich mit $^3/_{10}$ des seinen im Bund stand, und jenes bis zur
Saar, dieses nur bis zum Bodensee reichte, ein Unterschied von
drei Längengraden, waren die entscheidenden Thatsachen: rein geographische. Die territoriale Politik ist zeitweilig in ganzen Länder-
complexen durch andere Bestrebungen zurückgedrängt worden, so
im 17. Jahrhundert in Europa durch confessionelle, worauf dann
schon am Ende dieses Jahrhunderts im Rückschlag eine um so ent-
schiedener territoriale und wirthschaftliche Politik besonders in West-
europa durchdrang. Aus den Niederlanden wurde die gesunde
Politik einer gleichmässigen Schätzung des Volkes und des Bodens

als der Quellen politischer Macht nach Preussen übertragen, dessen
Grösse sie begründen half.

Die Entwickelung eines immer genaueren Verhältnisses zwischen den Macht-
ansprüchen und den Machtmitteln d. h. in erster Linie dem Territorialbesitz
zeigt sich seitdem unablässig thätig in dem System der europäischen Grossmächte. So wie es aus den Kämpfen des 17. Jahrhunderts und des beginnenden 18. hervorgegangen war, bestand dieses System aus den zwei Kontinental-
mächten Oesterreich d. h. die Länder des Kaisers und Frankreich und den
zwei Seemächten Holland und England. Das waren die eigentlichen Träger
der politischen »Balance« und die Wortführer Europas. Russland war nur
erst wie ein Schatten vorübergegangen; seit dem Tod Peters des Grossen
trat es zurück. Das waren sehr ungleiche Grössen, die etwa folgender-
massen sich vertheilten: Oesterreich 10,500 Q.-M. und 12—15 Mill. Einw.,
Frankreich 9500 Q.-M. und gegen 20 Mill. Einw., England 5600 Q.-M. und
9 Mill. Einw., die Niederlande 700 Q.-M. und 2.5 Mill. Einw. Als Preussen
nach seiner Erwerbung Schlesiens hinzutrat, zählte es auf 2840 Q.-M. etwas
über 3½ Mill. Einw., Polen, das damals noch auf 10,000 Q.-M. und vielleicht
8 Mill. Einw. geschätzt werden konnte, stand ebenso aussen wie Spanien
und Schweden. Es entschieden also nur die augenblicklich bereiten Machtmittel, die Armeen, Flotten und das Geld. Diese fünf Mächte die über
Europa bestimmten und das heutige Europa heraufgeführt haben, umfassten
nur etwa ⅛ der Oberfläche des Erdtheils, aber allerdings schon über ⅓ der
vermuthlichen Volkszahl. Auch von den Ländern westlich vom russischen und
türkischen Reich umfassten sie nur ⅗. Heute umfassen die sechs Grossmächte drei Viertheile der Fläche Europas und vier Fünftheile seiner Bevölkerung. Lassen wir das Russische und das Türkische Reich bei Seite, so
nehmen die 5 west- und mitteleuropäischen Grossmächte von dem Rest
Europas doch noch nahezu drei Fünftheile ein.

Gegenüber dieser grossen Bewegung auf eine immer festere territoriale Begründung der Politik ist die Nationalitätenpolitik unserer
Zeit ohne Zweifel ein Rückschritt. Sie erklärt als das Princip des Staates
das Volk einer Sprachgemeinschaft, ohne Rücksicht auf seinen Boden.
Sie wird sich dauernd der geographischen Politik gegenüber nicht
behaupten können, die den Boden ins Auge fast, ohne den Stamm
und die Art der Bewohner zu berücksichtigen. Beide sind grund-
verschiedene Methoden der praktischen Politik. Die Nationalitätenpolitik beschränkt sich meist auf einen engeren Raum, auf dem das
Volk, sich wie eine Familie auslebt, den es intensiv benutzt und ganz
besitzen will, während die geographische hauptsächlich territorial ist.
Vergleichen wir die Ergebnisse der beiden, so scheint die nationale
Politik überall dort erfolgreich gewesen zu sein, wo durch die

einigende Macht einer nationalen Idee ein grösseres zersplitterndes oder abhängiges Gebiet zu einem einzigen politischen Organismus zusammengeschlossen werden konnte, wo sie sich also mit der geographischen verband. Wo dagegen ein Staat sein Gebiet ausdehnen will oder muss, hat er sich den Gewinn an Land ohne jede Rücksicht auf dessen Bewohner gesichert, wie Frankreich in Nizza, Deutschland in Nordschleswig und Lothringen.

Die territoriale Politik im Kriege.

Der Krieg der für soviele politisch-geographische Fragen das rasch verlaufende Experiment darbietet, klärt auch die Beziehung zwischen Staat und Land auf. Jeder moderne Krieg hat den Zweck, dem Gegner die Verfügung über sein Land zu entreissen, wozu das einfachste Mittel die Niederlage des wehrhaften Theiles des Volkes ist. Die räumliche Sonderung des Staates wird absolut verneint, die Grenzen bestehen für die Kriegführenden nicht mehr, das Gebiet des Gegners wird besetzt und zugleich die Vernichtung aller Machtmittel angestrebt, durch die er es festhalten könnte. Trotz der Einfachheit des ganzen Processes hat doch die Möglichkeit der Auseinanderlegung von Boden und Staat zu verschiedenen Methoden der Kriegführung Anlass gegeben, die einen oder den anderen bevorzugen, während der einzig richtige Ausgangspunkt immer nur die Auffassung des Staates als Organismus sein kann. Dieser Organismus muss in einen Zustand versetzt werden, wo er sich nicht länger zur Wehre setzen kann. Zu diesem Zweck muss ihm der Boden genommen und muss zugleich die Widerstandskraft seines Volkes geschwächt werden.

Eine auf der Verkennung des Wesens des Staates ruhende Ueberschätzung des Bodens liegt älteren strategischen Systemen zu Grunde, die den Feldherren die Erreichung geographischer Punkte zum Ziele setzten. Es kam dabei nicht darauf an, ob die feindlichen Armeen ihnen grosse oder geringe Widerstände entgegensetzten. Von dem Feldzugsplane der französischen Donau-Armee im Frühling 1799, die nach Durchschreitung des Schwarzwaldes den oberen Lech, die Isar, den Inn erreichen und die Ausgänge Tirols besetzen sollte, sagt CLAUSEWITZ treffend, es liege in dem Erstreben aller dieser Punkte freilich der Gedanke, dass der Feind, der sich wiedersetzt, vertrieben werden solle, dass es sich aber frage, ob sie auch ein

nennenswerther Gegenstand seien, wenn der Feind so schwach sei,
dass seine Vertreibung nur als eine untergeordnete oder zweifelhafte
Sache angesehen werden könne. Ohne Bestimmung darüber, wo
und in welchen Massen der Feind zu erwarten sei, seien solche
geographische Bestimmungen »nur eine Beziehung zur Hauptsache,
nicht die Hauptsache selbst«[13]).

Die Entwickelung des politischen Werthes des Bodens.

Je weiter wir in der Geschichte zurückgehen, desto mehr tritt
der Boden hinter dem Volk zurück. Sein wirthschaftlicher Werth
für den Einzelnen ist von Anfang da. Er mag noch so klar erkannt sein, der politische Werth des Bodens für die Gesammtheit
wird erst allmählich recht verstanden. Schon ältere Beobachter
afrikanischen und altamerikanischen Völkerlebens haben auf die eigenthümliche Erscheinung hingewiesen, dass aus dem fast beständigen
Kriegführen so wenig dauernde Landerwerbungen hervorgehen. Es
läuft in Menschenjagden aus, die zum Theil die Bevölkerung des
siegreichen Landes vermehren, zum Theil als Sklaven, die verkauft
werden, es wieder verlassen. In den seltenen Fällen, wo ein sieg-
reiches Volk sich ausdehnt, geht die Colonisation neben oder nach
der Eroberung als eine Sondererscheinung her, die durch einen
langen Zeitraum von ihr getrennt sein kann. So ist es in Bornu,
Baghirmi, Wadaï, deren Eroberungszüge gegen den Süden zunächst
nur Ausbeutungsgebiete schaffen, an deren politische Gewinnung durch
Einfassung in eine den politischen Besitz verdeutlichende Grenze
noch lange nicht gedacht wird.

Alljährlich zieht der Aqid Salâmât, unter dessen Oberaufsicht das Land
steht, nach Kunga, um seinen weiten Bezirk zu controlieren, und um
durch Beutezüge nach Süden, Südwesten und Südosten den kriegerischen
Sinn der Wadaï-Leute zu heben und den Bedarf des Sultans an Sklaven und
Elfenbein zu decken[14]). Da die Sudanstaaten fortgeschritten genug sind,
um die Vortheile einer planmässigen Colonisation zu würdigen, wie neuere
Zwangsansiedelungen von Baghirmi-Leuten durch Sultan Ali beweisen, werden mit der Zeit die immer mehr sich entvölkernden Ausbeutungsgebiete
wieder besiedelt und dann wirklich dem Reiche angeschlossen werden. Aber
diess ist ein späterer Process, dem die uns geläufige Auffassung einer politischen Erwerbung unter sofortiger Abgrenzung noch ganz fern liegt. Diese
Vorstellung ruht aber zutiefst in der Auffassung der engsten Zugehörigkeit
des Bodens zum Volke und der Untrennbarkeit beider im Staat. Wir be-

zeugen sie in der elementarsten Weise dadurch, dass wir Quadratmeilen-
und Bevölkerungszahl als die zwei unvermeidlichen, aber auch untrennbaren
Grössen in jeder politisch-geographischen Beschreibung und Würdigung an-
setzen. In der afrikanischen Staatslehre bedeutet dagegen der Boden sehr
wenig, das Volk fast alles. Territoriale Erweiterungen erscheinen nicht als
Machterweiterungen, der Zulu- oder Lundaherrscher hält sein Volk viel fester
zusammen als sein Land, controliert es besser. Der daraus hervorgehenden
Unbestimmtheit der Grenzen entspricht dann auch die Seltenheit grosser
Staaten auf dieser Stufe.

Die Europäer, die mit ihrer Auffassung vom Werth des Bodens
in Gebiete eindrangen, wo jene andere Auffassung herrschte, fanden
es leicht möglich ihren Landhunger zu sättigen, da sie nun mit solchen
zu Tische sassen, denen Landbesitz über das Nothwendige hinaus
als ein unbegreiflicher Luxus erschien. Daher die leicht erworbenen,
ungeheueren Abtretungen, die man zu Unrecht als Ausdruck einer
kindischen Unerfahrenheit im Politischen verstand, während sie nichts
anderes als der Ausfluss einer anderen Würdigung des Bodens und
einer anderen Auffassung der Grenzen waren, in der ebensoviel
Verstand und System, wie in der europäischen lag. Daher immer
wieder ein Kampf zwischen diesen weiteren und loseren und jenen
engeren und festeren Vorstellungen vom Boden des Staates. Aber
von allen Unrechtmässigkeiten, die an »Wilden« begangen werden,
verdienen die Landerwerbungen um lächerliche Preise am wenigsten
Tadel. Wenn die Narragansett-Häuptlinge Canonicus und Miantonomo
1636 die herrliche Insel Aquidneck um vierzig Stränge Perlen und
ein Paar Hauen und Zeug verkauften an Roger Williams und seine
Gefährten, so war sie sicherlich für die Indianer nicht mehr werth[15]).

Die Colonisation eines Staates mit höherer Schätzung des Bodens
wird immer leichteres Spiel in einem Lande haben, dessen Bewohner
zu dieser Schätzung noch nicht fortgeschritten sind. Dieser Staat
schiebt sich anfangs ohne schwere Kämpfe in die zahlreichen Lücken
der zerstreuten politischen Besitzungen der Neger, Indianer u. s. w. ein,
bis die Uebergriffe in die Stammesgebiete Zwiste hervorrufen. Wenn
die Europäer in Amerika das politische System der Eingeborenen
besser verstanden hätten, würden sie länger ohne Conflikte sich
haben behaupten können. Wo bei dichterer Bevölkerung und allgemein höherer Cultur der Boden wirthschaftlich und politisch höher
geschätzt wurde, wie in Peru, da ward von Anfang an das Ein-

dringen der Europäer zur Eroberung, vermochte aber nur da coloni-
satorisch Wurzel zu fassen, wo das Land noch nicht zu dicht besetzt war. Mexiko und Peru blieben daher auch nach der Eroberung
im wesentlichen Indianerstaaten. Solche Unterschiede gab es einst
auch im alten Germanien. Im Osten mochte ein römischer Feldherr
einem Hermundurenschwarm Sitze auf markomannischem Gebiet an-
weisen; am Rhein wäre es ihm wohl nicht gelungen.

Dass Schwankungen in der politischen Schätzung des Bodens
auch auf höheren Stufen möglich sind, lehrt die Geschichte in zahlreichen Fällen. Dem Versuch, politische Macht ohne ihren Boden
zu gewinnen, der oft wie ein gefährlicher Ballast ihr anzuhängen
scheint, begegnen wir auf allen Stufen der Entwickelung. Mancher
Boden ist widerwillig genommen worden. In der Entwickelung
aller grossen Reiche begegnen wir einem Zustande der Unschlüssig-
keit und Rathlosigkeit, vor dem Entschlusse die grossen Flächen
aufzunehmen, die zur Vollendung einer Machtstellung nothwendig
sind, ohne selbst politischen Werth zu haben. Das bequeme Mittel,
die Länder in den Händen ihrer Beherrscher zu lassen und durch
deren Verpflichtung die oberste mühe- und opferlose Leitung zu
gewinnen, die vielleicht noch durch Geiseln gesichert wird, hat
China im grössten Masse angewendet. Die Ländergier der Eroberer
und Eroberervölker des Alterthums, besonders der Römer, ist eine ganz
mythische Vorstellung. Der Landerwerb ist in den grossen politischen
Umwälzungen des Alterthums nur eine Begleiterscheinung, denn das
Land ist nicht das Ziel der Kriege und diplomatischen Bemühungen,
sondern die Macht und in den Kriegen der Asiaten oft mehr noch die
Menschen und die Schätze. Da nun Macht immer endlich doch am Boden hängt, wird der Landerwerb sich aufdrängen bei einer so grossen
Machterhöhung und -ausbreitung, wie besonders Rom sie vom Pyrrhus-
krieg an erlebt hat. Rom konnte mit dem System der Bundesgenossen
und des Imschachhaltens einer Macht durch eine andere, wie Karthagos
durch Numidien, der Kelten durch die Massalioten u. s. w. auf die
Dauer nicht regieren. In dem Maasse als die Expansion die innere
Verfassung umgestaltete, trieb sie auf das Reich und die Provinzen
hin. Und dazu kam noch die Nothwendigkeit neuen Landes für
den Ueberschuss der Bevölkerung. Aber noch im Anfang der pu-

nischen Kriege kämpfte Rom mehr gegen Hannibal als um den Gewinn des karthagischen Bodens.

Die Entwickelung der Grenzen und der Boden.

Im politischen System des unterritorialen Gentilstaates liegt für
die schematische Auffassung das Gewicht folgerichtig nur in dem
Mittelpunkte, also in der Hauptsiedelung oder dem Dorfe des führ-
enden Häuptlings. Die Grenze verläuft daher unbestimmt in einem
herkömmlich leergelassenen Raum, der von dem Nachbarstaate oder
-stamme trennt. Der politische Zusammenhang mit dem Boden ist
hier noch nicht wie in den modernen Staat auf der ganzen Fläche
gleich innig, sondern nach dem Rande zu ist er gelockert und dieser
Rand ist in den meisten Fällen gar nicht genau zu bestimmen. Für
den Geographen zeigt ja allerdings der Stammesstaat ein anderes
Bild als der Volksstaat. Denn jener wird immer mehr auf Zusammenfassung aller Mitglieder des Stammes in einer centralen Siedelung,
womöglich in einem einzigen Stammes- oder Clanhaus hinstreben,
wogegen dieser der Verbreitung seiner Glieder über ein weiteres
Gebiet und ihrer unregelmässigen Vertheilung über dasselbe nichts
entgegenstellt, wenn es nicht Schutzbedürfniss ist. Darum ist aber
doch noch nicht der Grenzsaum ein nothwendiges Merkmal des
Stammesstaates. Er ist vielmehr der Ausdruck einer anderen
Schätzung des Bodens oder einer anderen Auffassung des Werthes
der Grenze: jenes wenn wir ihn in neuen Ansiedelungen bei Ueberfluss an Land, dieses wenn wir ihn in China oder Hinterindien oder
im centralen Sudan, in alten Volksstaaten, finden.

Nicht Linien und genau bestimmte Flächen, sondern Orte oder
Stellen bestimmen überhaupt die politische Geographie des voreuropäi-
schen Afrikas, Amerikas, Australiens. Zunächst hängt der Staat nur
an einem bestimmten Punkte mit seinem Boden fest zusammen. Der
Punkt bezeichnet nur die Lage des Staates im Allgemeinen oder er
symbolisiert sie. Um dem Vordringen der Europäer ein Ziel zu
setzen, bestimmten 1854 die Häuptlinge der Nordinsel Neuseelands,
der Berg Tongariro solle den Mittelpunkt eines Gebietes bilden,
wovon kein Theil an die Regierung verkauft werden dürfe. Es ist
wohl verstanden, dass der Staat sich nach allen Seiten von einem
Punkte aus erstreckt; das wie weit hängt von der Macht seiner

Bewohner ab. Daher wird keine feste Grenze angenommen, wenn nicht von aussen her ein anderes Volk sich heranerstreckt, gegen das nun eine Schranke gesetzt werden muss. Sich in Unbewohntheit zu hüllen, sich einsam in weiter Leere zu wähnen, entspricht ja auch in rein culturlicher Beziehung der Auffassung älterer Völker von ihrer Stellung auf der Erde, und kehrt daher im Weltbild wieder[16]). Die ganz genau bis auf den Bruchtheil eines Meters bestimmte Ausdehnung der Fläche des Staates, die soweit reicht, bis sie mit der Fläche eines Staates zusammentrifft, ist für diese Auffassung nicht nothwendig. Daher auch die Vernachlässigung der Hilfsmittel zu schärferer Begrenzung, die die Flüsse bieten. In der politischen Geographie der Indianer und Neger haben sie, mächtig wie sie gerade in Amerika und Afrika sind, immer mehr Sammelbecken als Grenzen gebildet. Die Staaten lehnten sich gern an sie an, fanden es aber nicht nöthig, ihre Peripherie durch sie zweifellos zu bestimmen und zugleich zu schützen. Daher die stets wiederkehrende Unsicherheit über die Ausdehnung, die in einem bestimmten Zeitpunkt einem Staate zuzusprechen war.

Die Unbestimmtheit der Grenzen nach Süden zu bezeichnet Nachtigal als eine allgemeine Eigenschaft der Sudanländer. Demgemäss treffen die Mächte dort nicht in breiter Berührung aufeinander, ihre Gegensätze schärfen sich nur an einzelnen vorgeschobenen Stellen, die Begegnungen führen mehr zu einem Ineinanderschieben als einem Vordrängen. Das nun zwischen dem Kongostaat und dem portugiesischen Angola aufgetheilte Lunda-Reich ist nie ganz sicher zu fassen gewesen, denn über die wichtigsten Grenzgebiete, wie das sog. Reich des Kasembe, das unzweifelhaft von Lunda abhing, war keine Klarheit zu gewinnen. Die festen Linien unserer Karte täuschen ein Wissen vor, das nicht besteht, sie sind nichts als der Ausdruck conventioneller Compromisse mit dem, was nicht gewusst ist oder nicht in seinem wahren Zustand gezeichnet werden kann. So war es auch weiter nördlich in den Ländern der Ba Luba[17]).

Im Staatsrecht dieser Länder ist wohl für ein zeitweiliges Zusammenfassen der Zügel der äusseren Gebiete gesorgt. Der Herrscher oder seine Vertreter erscheinen alle paar Jahre, erzwingen den Tribut, der freiwillig nicht gegeben wurde und überlassen dann die ausgepresste Citrone sich selbst. In dieser Zeit, die eine der häufigen Thronstreitigkeiten verlängern mag, schiebt sich dann vielleicht ein fremdes Volk colonienweise in die schutz- und herrenlose Grenzbevölkerung ein, wie die Kioko in Lunda, die Fulbe im Sudan, die

die Staaten selbst in die Hand nahmen, nachdem sie in aller Stille herangewachsen waren. Und so entstehen Verhältnisse, wie wiederum Ludwig Wolf sie aus dem Gebiete gemischter Lunda- und Maschinsche-Bevölkerung am Schavanna schildert, wo das Unterthanen-Verhältniss sich ganz nach der Abstammung richtet. Jeder Ort zahlt seinem Stammeshaupt, gleichviel ob er in dessen Gebiet liegt oder nicht[18]). Eine bestimmte Grenze wird nun vollends unmöglich und man begreift die Schwierigkeiten, mit denen die Zeichnung einer scharfen Grenzlinie unter solchen Verhältnissen verknüpft ist. Eine so ausgezeichnete Naturgrenze wie der grosse Fischfluss hat nichts daran geändert, dass die Kaffern dort buchstäblich jeden Grenzvertrag brachen. 1884 schrieb General Warren, dem es oblag, die Grenzstreitigkeiten zwischen der damals neuen ephemeren Republik Stella-Land und einigen Betschuanenstämmen zu schlichten: Die Besitzrechte der Häuptlinge greifen in der bei primitiven Völkern üblichen Weise ineinander über. Die Wasserstellen und Viehplätze eines Stammes liegen meilenweit jenseits der Grenze, während dann wieder Wasser- und Landbesitz gemeinsam ist. In vielen Fällen verschieben sich die Grenzen von Jahr zu Jahr[19]).

Die Auffassung der Funktion der Grenze als peripherisches Organ hängt eben ganz von der des Staates als ihrem Organismus ab und begründet die tiefsten Unterschiede im Wesen der Grenze. So wie der Staat seine Beziehungen zu den Nachbarstaaten auffasst, so ist die Grenze, die demgemäss mit dem ganzen Complex der auswärtigen Beziehungen organisch zusammenhängt. Der grosse Unterschied liegt darin, ob die Grenze überhaupt noch ein selbständiger Raum, ein Saum, oder durch die unmittelbare Berührung der Gebiete auf die Grenzlinie reducirt ist, die am Boden nicht zur Erscheinung kommt, sondern gleichsam über ihm schwebt. Das selbständige Grenzgebiet bedeutet die Abschliessung vom Nachbar, es legt etwas Drittes, Fremdes zwischen zwei Staaten, die nicht bloss politisch auseinander gehalten, sondern durch die Zwischenlagerung überhaupt isolirt werden. Stossen die Gebiete aneinander, so berühren sich auch ihre Bewohner und wenn die politische Trennung auch so scharf betont wird, wie an den russischen Grenzen, durch Wälle und Kosaken-Cordons, so bleibt doch die Wirkung der räumlichen Annäherung und unmittelbaren Berührung. In der Wegräumung dieser

Hindernisse liegt der Anlass zu einem mächtigen Umschwung der ganzen Staatenentwicklung. So wie die Schranken fallen, erhalten alle das Wachsthum fördernden Kräfte freie Bahn. Das durch die dicht hintereinanderfolgenden Grenzen zerschnittene Netz der Verkehrswege entwickelt rasch durchlaufende Wege, die sich in dem freien Raume nach allen Seiten verzweigen. Die vorher getrennten Kleinstaaten nähern sich, endlich berühren sie einander und die Verschmelzung wird mit der Zeit unvermeidlich. Die Besiedelung der Grenzöden bricht also einem Grössenwachsthum Bahn, das, wie die Geschichte lehrt, nicht aufhört, als bis es den Rand der Wüste oder des Meeres erreicht hat und endlich ganze Erdtheile umfasst. Und mit ihm wachsen alle politischen Raumvorstellungen und alle Schätzungen des Werthes des Bodens. Es liegt daher in der Durchbrechung dieser Art von Grenzen einer der grössten Wendepunkte in der Geschichte der Beziehungen zwischen Volk und Land überhaupt.

Was später Entwickelung der Grenze heisst, sind die vergleichsweis kleinen Verschiebungen und Ausbesserungen, die der allmählich steigende Werth des Bodens mit sich bringt. Ein merkwürdiges Beispiel von diesem Wachsthum des Werthes der Grenzen mit fortschreitender politischer Entwickelung bieten die südamerikanischen Staaten, die ausnahmslos mit schweren Grenzconflikten belastet sind, weil in der Zeit der spanischen Kolonialverwaltung an genaue Abgrenzung nicht gedacht worden war und in den ersten Jahren nach der Befreiung diese zeitraubenden Probleme ebenfalls noch unerledigt blieben. Schwierige Fragen, wie die des Anspruches Ecuadors auf den Nordrand des Marañon führten schon in den 20er Jahren zu Kriegen, und heute endlich drängt diese ungelöste Frage beim Fortschritt der Besiedelung zur Entscheidung. Noch deutlicher zeigt der Streit zwischen Chile und Argentinien über die Cordillerengrenze, wie in einem früher politisch praktisch werthlosen Gebiete wie Patagonien die politischen Interessen wachsen und endlich zu scharfer Abgrenzung drängen.

IV.

Die Einwurzelung des Staates durch die Arbeit der Einzelnen.

Die Entwickelung der Beziehungen zwischen Boden und Volk.

Die Entwickelung des Staates ist neben der Ausbreitung nothwendig auch Befestigung. Durch die Ausbreitung oder das räumliche Wachsthum wird der Staat grösser und vermehrt seine Hilfsquellen, durch die Befestigung am Boden entwickelt und stärkt er seine Grenzen und sichert seine Lage. Raum, Grenzen und Lage nehmen an Werth zu, indem der Staat sich fester mit seinen geographischen Grundlagen verbindet. Es ist mehr als bloss ein Bild, wenn man von Einwurzelung redet, denn der Staat zieht gerade wie die Wurzeln einer wachsenden Pflanze immer mehr Nahrung aus seinem Boden und wird daher immer fester mit ihm verbunden und auf ihn angewiesen. Wohl stellt auf jeder Entwickelungsstufe der Staat andere Forderungen an seinen Boden, lässt aber auf der höheren nichts nach von dem, was er auf niedrigeren geheischt hatte, so dass die Summe seiner Forderungen immer grösser wird. Das Volk ist das organische Wesen, das im Laufe seiner Entwickelung immer inniger mit dem Boden verwächst und den Boden in diese Entwickelung überführt und hineinzieht. Man kann daher dem Wachsthum des Staates über die Oberfläche der Erde hin auch ein Wachsthum nach der Tiefe zu zur Seite stellen.

Unser Land! Wieviel Geschichtliches, ja unsere ganze Geschichte liegt darin. Dieses kleine Stück Boden, auf dem wir geboren sind, das uns ernährt, das die Arbeit von vielen Geschlechtern urbar, licht, wohnlich und fruchtbar gemacht hat. Hunderttausende haben ihr Blut darauf verspritzt, es uns zu wahren.

Die Arbeit der Einzelnen, von Geschlecht zu Geschlecht neu aufgenommen, fortgesetzt und vertieft, giebt einem Lande einen neuen Charakter. In dem Wirken der Culturheroen kommt der tiefe Eindruck dieser mit der Cultur sich vollziehenden Bodenveränderung zur poetisch-mythologischen Gestaltung. Im Boden, der »aus wilder

Wurzel« urbar gemacht wird, prägt sich der Umschwung des ganzen Lebens aus. Die Sumpfstrecken werden entwässert, die Wälder gelichtet, die Länder vermessen und zu regelmässigem Anbau und festem Besitz vertheilt, Wege gebahnt, Flussmündungen zu Häfen umgewandelt, auf Höhen Städte angelegt und Tempel gebaut. Aus der Naturlandschaft eine Culturlandschaft hervorgezaubert zu haben, konnte nur als eine heroische Leistung begriffen, es konnte die aufgesammelte, verdichtete und vertiefte Arbeit der Ahnen und Urahnen in ihren Ergebnissen nur so verstanden werden. Die grosse Wahrheit, dass in dieser Leistung die Zeit Macht bedeutet, wurde damals nicht verstanden. Sie ist auch heute Vielen nicht klar. Und doch ist es das Geheimniss jeder erfolgreichen Colonialpolitik, dass die stille Arbeit der Einzelnen, wenn ihr Zeit gelassen wird, die politische Macht fester in einen neuen Boden einpflanzt als alle stossweisen Machtentfaltungen. Die grösste Colonialmacht aller Zeiten hat den Grundsatz: Zeitgewinn, Machtgewinn über alle anderen bewährt gefunden und einer ihrer tiefsten Gedanken, von Wenigen verstanden, ist Zeit zu gewinnen, damit ihre Colonisten den Besitz in den fernsten Ländern sichern.

Die Uebereinstimmung des Zweckes der beiden Vorgänge drückt sich in der Bezeichnung friedliche Eroberung aus. Sie ist erst unserer Zeit geläufig geworden. In der Sprache der anglokeltischen Amerikaner und Australier hat das Wort Conquest überhaupt fast ganz die kriegerische Bedeutung verloren. Bei »Conquest of the arid West« denkt jeder Amerikaner heute nur an Bewässerungscanäle und Eisenbahnen, Heimstätten und Landagenturen. Es liegt aber eine tiefere Beziehung der beiden Processe darin, dass überhaupt jede festhaltende Erwerbung eines Landes die kleine Arbeit des Colonisten voraussetzt, die ja auch ein opferreicher Kampf mit Naturgewalten und in den Anfängen immer eine Staatengründung im engsten Raume ist. Die colonisierende Eroberung hat immer einen kleinen Zug. Wenn man sagt: Ostdeutschland hat der Pflug erobert, so meint das auch: nicht das Reich gewann die ostelbischen Länder den Deutschen, sondern kräftige Kleinherren des Grenzlandes und deren Diener. Man kann die allgemeine Regel aussprechen: Im natürlichen Wachsthum der Völker ist der wachsende Rand politisch schwach, denn er setzt sich aus lauter kleinen werdenden Gebilden zusammen. So wuchsen die Slawen an der Saale und Elbe, erst weit hinter diesem Rand folgten ihre starken Fürstenthümer. Und ihnen entgegen ähnlich im Einzelnen, aber stärker zusammengefasst im Ganzen die Deutschen. In dieser Neigung zur Auflockerung beim Wachsthum liegt die besondere Bedeutung eines festen Wachsthumsrandes wie ihn Caesar den Römern mit dem immer weitere Gebiete umfassenden Grenzschutz gab [1]).

Der Antheil des Einzelnen am Boden des Staates.

Der Antheil des Einzelnen an dem Boden den er bewohnt und bebaut, wird im Lauf der Entwickelung von dem des Staates überragt und umfasst; zugleich ist aber das Verhältniss des Staates zu seinem Boden immer bedingt durch das seiner arbeitenden Bürger zu ihrem Boden-Antheil. Wie sie auf ihm wohnen und wie sie ihn anbauen, wieviel sie davon in Anspruch nehmen und wie sie ihn besitzen, das schafft mannigfaltigst ins Politische über- und eingreifende Verhältnisse. Ihr Grundzug ist, dass die Wirthschaft dem Boden näher steht als die Politik. Die Colonisation, die mit dem Keim eines Dorfes und einer Anbaufläche von Pflanzungen, Gärten, Aeckern u. s. w. zugleich den eines Staates legt, bietet für diese Einwirkung die besten Beispiele. Sie lässt am deutlichsten erkennen, wie der Besitz, die Bewohnung und die Bearbeitung des Landes ein reales Interesse am Boden schaffen, das als eine Sache des Einzelnen von dem wachsenden idealen Interesse der Gesammtheit umfasst wird. Es ist diesem untergeordnet, übt aber darauf denselben Einfluss wie die Eigenschaften der Elemente eines Körpers auf dessen Ganzes. Schwindet die zusammenhaltende Macht des Staates, dann führt der Zerfall der Staaten auf die Dorfgemarkung oder den Einzelbesitz, als das Nothwendigste und Letzte im Verhältniss des Einzelnen zum Boden zurück: die Beherrschung geht in Besitz unter.

Die selbstständige Entwickelung des Einzelmenschen in den Grenzen des Staates hängt von der Möglichkeit ab, dass ihm der Boden dazu gewährt wird und dass auf diesem Boden die Kraft der örtlichen Anziehung sich geltend machen kann, die sich gegen eine stärkere centralisierende Anziehung aus dem Mittelpunkt zu behaupten weiss. Es ist nicht blos der Bodenraum, der dazu nöthig ist; auch die Form und Art des Bodens wirkt mächtig individualisierend. Das Beispiel der Gebirgsstaaten mit ihren selbständigen Völkern und Völkchen in jeglichem Thal liegt nahe. Es ist indessen einseitig, weil es den Menschen in einer Natur zeigt, von der er vorwiegend abhängig ist. Eine höhere Stufe erreicht die örtliche Selbständigkeit, wenn der Mensch mit seiner Thätigkeit sich ganz in seinen Boden hineingräbt, wie der Bauer auf dem Einödhof, der kein anderes Interesse als das des kleinen Staates von Aeckern und Wiesen, Knechten und Mägden kennt, dessen Herrscher er ist. Da zeigt es sich erst so recht, wie der Einzelne sich Nahrung und Nothdurft aus seinem Stück Boden erarbeitet, den er als Glied der Gesammtheit mit allen anderen zusammen gegen äussere Angriffe vertheidigt. Sein Stück bildet mit den anderen als Theil eines beschränkten Stückes Erde ein Ganzes, dessen Theile, genützte und ungenützte, alle zusammen gehören. Je mehr Arbeit er in diesen seinen Bodenantheil hineingräbt und säet und erntet, um so höher steigt dessen Werth für ihn, um so fester bindet er sich mit ihm zusammen, und um so höher steigt der politische Werth, d. h. um so inniger wird der Zusammenhang zwischen der Gesammtheit und ihrem Staate durch alle diese Mittelglieder. Indem die Einzelnen sich vermehren, werden immer mehr solche Verbindungen geschaffen, wodurch die Lücken zwischen den Wohn- und Arbeitsflächen verkleinert werden und die Berührung mit dem Boden zugleich verdichtet wird. Die Aenderungen in der Form des Besitzes, besonders der Uebergang aus der Gleichheit der Markgenossen zum Grossgrundbesitz Einzelner, ändert an dieser Verbindung nichts, so lange nicht die Zahl oder die Arbeitsleistung der Bewohner sich ändert. Ohne Störung von aussen wird sie sich immer mehr stärken und weitere Gebiete umfassen. In diesem Sinne war die Grösse Roms »gebaut auf die unmittelbarste und ausgedehnteste Herrschaft der Bürger über den Boden und auf die geschlossene Einheit dieser also festgegründeten Bauerschaft«[?].

Der Grundbesitzer theilt also mit dem Staat den Boden und ist durch ihn fester mit dem Staat verbunden als der Kaufmann oder selbst der Gewerbtreibende, die ihren Handel, ihre Hantierung auch an anderen Orten ausüben, ihre ganze Habe über die Grenze tragen können. Daher die Aussonderung flottanter Handels-Fischer- und Jägervölker in Centralafrika, die ohne eigenes Land bei anderen Völkern gleichsam zur Miethe wohnen. Daher auch die Abhängigkeit der Vertheilung des politischen Einflusses in einem Volke von der Vertheilung des Bodens. Der Einfluss der »Geomoren«, den die alten Griechen im Peloponnes sogut wie in Samos kannten, ist eine typische Erscheinung. Es ist der Einfluss des Grundbesitzes, der dann in den politischen Privilegien des freien Landbesitzes oder Landadels in hunderterlei Formen bis auf die Gegenwart wiederkehrt. Das Landgut ist nicht bloss als Boden in wesentlicherem Sinn ein Theil des Staates als das Haus des Städters; es ist selbst ein kleiner Staat. »Das schlichte Geschäft der Hauswirthschaft ist nicht bloss Befriedigung der thierischen Bedürfnisse; es enthält die bewegende Kraft der Verwaltung, den Grund des Staatslebens«[3]. So ist das Landgut des adeligen Konkan-Mahratten, des Ba Ngula-Häuptlings, des Farmers und Plantagenbesitzers in Nordamerika wie das des englischen Landsquire oder des deutschen freien Bauern ein besonders wichtiges Stück Staat, das seinem Besitzer ein entsprechendes Gewicht verleiht.

Der Einfluss der Landantheile auf den Staat.

Wo wir den Einfluss der geographischen Bedingungen im Wesen eines Volkes zu erkennen glauben, da ist es immer zuerst der Einfluss, dem der Hausstand aus dieser seiner Beziehung zum Boden heraus unterliegt. Dieser Einfluss wirkt dann allerdings auch auf die Staatenbildung ein und zwar durch die Gemeinsamkeit des Bodens. Die englischen Ansiedler in Virginien und Neuengland, die die Keime der mächtigen Vereinigten Staaten gelegt haben, hatten nicht zuerst die Staatenbildung, sondern die Gewinnung von Land für Haus und Acker im Sinn. Da aber ihr Anspruch auf den aus dem Boden zu ziehenden Nutzen grösser war als bei den Indianern, und da sie für ihre Handelsverbindungen auch Küstenstriche brauchten, die diese vernachlässigt hatten, nahmen sie früh viel grössere Länder in Anspruch als eine gleiche Zahl Eingeborene und damit war die politische Wirkung gegeben. Diess gilt überall von den Colonien, die auf die Anlage von Pflanzungen ausgehen. Aber auch in beschränkteren Gebieten ist der Landanspruch der Colonisten für wirthschaftliche Zwecke immer grösser als in der Heimath. Die politische Wirkung davon ist selbst in der Geschichte Deutschlands erkennbar in dem weit nachwirkenden grossen Umfang der ostelbischen Marken und Staaten, aus denen die colonialen Grossstaaten Oesterreich und Preussen hervorgegangen sind.

Bis heute wirkt in der Geschichte der Vereinigten Staaten der Unterschied der Besiedelung fort: Im Norden Bauern, im Süden Pflanzer. Unmittelbare Folgen davon sind die Demokratien dort, die Pflanzeraristokratien hier. So ist ein dauernder Unterschied der nord- und südöstlichen Colonisation in Deutschland, dass dort weite Gebiete mit deutschen Bauern und Bürgern besiedelt wurden, während hier meist nur eine hervorragende Klasse deutscher Grundbesitzer sich bildete. In der ganzen Welt aber haben die germanischen Kolonisten ihre Ansiedelungen fester gegründet weil sie einwanderten wie einst die Dorier, mit Weib und Kind, ihre Haus- und Gemeindeordnung mitbringend, dadurch Sitte und Sprache von Anfang an mit dem Schutze der eigenen, abgeschlossenen Heimstätte, umgebend. Bei den Romanen war mehr die Männer- und Knabenauswanderung im Schwang, daher ihr schwächerer Halt in der Fluth der Indianerbevölkerung Mittel- und Südamerikas: In Nordamerika sind die Mestizen so klein an Zahl, dass sie verschwinden, in Mexiko bilden sie 48 % der Bevölkerung. Wo englische Geschichtschreiber von einem hervorragenden »genius for amalgamation« sprechen, der die angelsächsische Rasse auszeichne, denken wir einfach an den starken Landbedarf der familienhaften, im neuen Boden sich rasch einwurzelnden und ausbreitenden Ansiedelungsweise. Ueberhaupt, was man Colonisationsgabe nennt, ist im Wesentlichen die Fähigkeit den politisch gewonnenen Boden durch Einzelarbeit sicher zu stellen. Der Misserfolg der französischen Colonisation in Nordamerika ist in grossem Maasse durch ein System bewirkt worden, das die rasche Ausbreitung durch den Handel, besonders den Pelzhandel begünstigte und die feste Ansiedelung erschwerte. Dies führte zur Schonung der Indianer, deren Jagdgebiete sorgsam berücksichtigt wurden. So kam es zwar, dass die Franzosen mit den Indianern im Allgemeinen sich besser verstanden als die Engländer und eine grössere Macht über sie hatten, auf die sie sehr stolz waren; auch im Handel hatten sie einen Vorsprung, der zum Theil darauf zurückführte, dass die französischen Hinterwäldler für weit ehrlichere Kaufleute galten als die englischen. Aber gerade, was sie den Indianern zu angenehmeren Nachbarn machte, bedingte ihre geringeren Erfolge als Ansiedler, die den Boden bearbeiten. Das hat Champlain schon bemerkt. Andere Franzosen haben es erst herausgefunden, als das Land verloren war. Da gab es viele französische Ansiedelungen, wohlgelegene Handelsposten, die alle durch grosse, indianisch gebliebene Zwischenräume von einander getrennt waren. Aber mit Ausnahme eines Theiles von Untercanada keine den Boden dichter überziehende und entsprechend festhaltende Ansiedlerbevölkerung und besonders nicht jene heilsame Verbindung von emsiger Urbarmachung und Ackerarbeit mit kühnem Vorwärtsdrängen, das überall auf der Erde die sicherste Grundlage der politischen Ausbreitung bildet[4]. So wird durch eine in den Einzelheiten klein und unbedeutend erscheinende Abweichung in der Auffassung des Verhältnisses zum Boden bei hunderttausendmal wiederholter Anwendung auf die Bodenprobleme der Colonisation die Zukunft

ganzer Reiche und Erdtheile bestimmt. Dass die Engländer nur die politische Herrschaft über die Indianergebiete beanspruchten und den Ansied-
lern überliessen, die einzelnen Landstrecken von den Indinnern selbst zu
erwerben, während die Franzosen und Spanier mit der politischen Herrschaft auch die Verfügung über die Länder der Indianer zu besitzen glaub-
ten, hat den tiefsten Unterschied in der Entwickelung der Colonisation in
beiden Amerikas bewirkt. Die Engländer liessen der energischen Coloni-
sationsarbeit ihrer auswandernden Familien freien Spielraum, während eine
Eroberung wie die spanische in Peru die Indianer in ihren Einzelwirthschaf-
ten schützte. Diese haben dann im Lauf der Jahrhunderte, die gleichsam nur
über ihnen schwebenden spanischen Grossgrundbesitzer sammt der Regierung
überwachsen. Mag darin nicht auch ein geschichtliches Erbtheil liegen, dass
ebenso wie die Römer die jetzigen romanischen Länder Europas gewannen,
ohne ihre Bevölkerung zu verdrängen, so auch ihre spanischen, portugiesischen und französischen Nachfolger die mittel- und südamerikanischen Länder
sammt ihrer Bevölkerung übernommen haben?

Stufen des Ackerbaues und der Schätzung des Bodens.

Die oft untersuchten Beziehungen zwischen den Bevölkerungs-
und Culturstufen lehren die Abhängigkeit des Entwicklungsganges
der Cultur von einer Volkszahl auf bestimmtem Raum[5]). Das geographische Bild dieser statistischen Thatsache zeigt die ungleiche
Vertheilung der Wohn- und Anbau- oder Weideflächen, und der sie
voneinander trennenden unbenutzten Räume. Dabei gilt die allgemeine Regel, dass die als Wohnstätte, Garten, Acker oder Weide
dienenden Strecken um so fester liegen, je dichter sie vertheilt sind
und um so mehr schwanken und wandern, je freieren Raum sie
haben. Darum ist es einseitig, die Beziehung der Culturstufen zu
den Stufen der Volksdichte rein statistisch aufzufassen. Es ist wahr,
auch wenn das Anhäufungsverhältniss mit berücksichtigt wird, dass
die Menschen ihre humanen Eigenschaften zu entfalten um so drin-
gender aufgefordert sind, je näher sie sich berühren. Aber die mit
grösserer Beständigkeit des Wohnens einhergehende Vertiefung des
Verhältnisses zum Boden ist noch wichtiger. Sie ist eine unver-
lierbare und immer weiter fortwirkende Culturerrungenschaft, die auch
in dünnbewohnte Gebiete übertragen und dort weitergebildet werden
kann, wie die Colonisationsgeschichte auf vielen Blättern zeigt. Daher
die ausschlaggebende Bedeutung der Bewirthschaftung des Bodens
für die Cultur, die ja schon in der Etymologie des Wortes Cultur
sich ausspricht.

Man hat früher nur die Ansässigkeit des Ackerbauers der Un-
stetigkeit des Nomaden entgegengesetzt und sicherlich liegen darin die
grössten Gegensätze. Je grössere Räume die Wirthschaft im Allgemeinen beansprucht, desto näher steht sie dem Nomadismus und desto
freieren Raum findet dieser allenthalben für seine Entwickelung. Ebendesshalb ist der Nomadismus der unversöhnliche Feind jeder Wirthschaftsweise, die mit weniger Raum arbeiten und ihre Stärke schon
früh darin finden will, dass sie auf dem beschränkten Raum grössere
Menschenmengen ansammelt. Der Gegensatz zwischen Ismael und Isaak
entspricht dem weltgeschichtlichen Gegensatz der weit- und engräumi-
gen, der schwankenden und der festgewurzelten Wirthschaft. Aber
nicht bloss in dem Extremen der Ackerbauer- und Hirtenvölker
kommt dieser Unterschied zum Ausdruck. Je weniger der Landbau
in einem Volke bedeutet und über eine je weitere Fläche es daher
ausgebreitet ist, um so unsicherer ist auch das Verhältniss dieses
Volkes zu seinem Boden. Die politische Geltung eines Volkes kann
recht wohl über einen grossen Raum ausgebreitet sein, während
seine culturliche Bedeutung nur an einen engen Raum gebunden ist.

Die Eigenthümlichkeit der Grundbesitzverhältnisse der Neger liegt
hauptsächlich in dem Bodenüberfluss, der alle festen Einrichtungen versinken lässt. Weil sie soviel Boden haben, schätzen sie seinen
Besitz gering. Weil ihre Felder nach drei Ernten sowenig Frucht
geben, dass sie die Arbeit nicht mehr zu lohnen scheinen, lassen sie
ihren Acker brach liegen und lichten, aber oberflächlich, einen neuen
im Busch. Es hat hier also gar keinen Werth, die Grenzen des Grundbesitzes genau zu bestimmen. Es entspricht dann endlich dieser
breiten Auffassung, wenn das Volk sich um die Grundbesitzverhältnisse nur da kümmert, wo durch geleistete Arbeit einer ein Stück
Boden erworben hat, das ihm nun selbstverständlich allein gehört,
oder wo eine religöse Beziehung des Ganzen oder Einzelnen zum
Boden besteht, in dem Volksgenossen begraben sind, oder wo eine
unzweifelhaft lohnende Fährstelle oder dergl. in Frage kommt. Aller
andere Boden kann weggegeben werden und die Neger scheinen
häufig ihrem Häuptling das unbedingte Recht dazu einzuräumen,
wenn auch nur vereinzelt »Herr des Bodens« ein Häuptlingstitel sein
mag, wie bei den Wa Yao.

Es ist wohl bei keinem nordamerikanischen Indianerstamm ge-

7*

lungen, die verhältnissmässige Ausdehnung seines Arbeits- und Wohn- und seines Jagdgebietes genau festzustellen. Auf dieses legten die Indianer das grösste Gewicht und gerade es ist am schwersten zu umgrenzen. Als die Officiere der Vereinigten Staaten 1786, im Jahre der Gründung des Indian Bureau, begannen, mit den Indianern Verträge abzuschliessen, in denen diese ihre Länder gegen Tausch- waaren und Reservationen abtraten, mussten sie erst erfahren, wie schwer diese beiden Arten von Gebieten zu trennen seien. Noch 1864 traten die Schoschonis und Maklak im nördlichen Kalifornien und südlichen Oregon das Gebiet zwischen 44° N. B. und der Wasser- scheide des Pit-River gegen die nordkalifornischen Hochlandseen und vom Cascadengebirge östlich bis zu den Seen Hearney und Goose an die Vereinigten Staaten ab. Bei näherem Zusehen ergab sich, dass die Wohngebiete nicht über 43° N. B. und 121° W. L. hinaus- reichten. Solche Jagdgebiete wurden auch von anderen Stämmen beansprucht. Weitzerstreut lagen darin die wenigen besser abge- grenzten Landstücke, wo Ackerbau getrieben worden war.

Bei der Eintheilung der mannigfaltigen Formen des Acker- baues, die über die Erde verbreitet sind, muss das Verhältniss zum Boden in erster Linie berücksichtigt werden. Es genügen dafür nicht die Kategorien Ackerbau und Plantagenbau, ebensowenig wie der Hin- weis auf die grosse Umwälzung, die die Einführung des Pfluges be- wirkt hat. Die von G. Hahn vorgeschlagene Eintheilung in Hackbau, Ackerbau und Gartenbau geht tiefer[6]), beachtet, wenn auch von geographischer Seite ausgehend, mehr die Beziehung zu den für die einzelnen Stufen bezeichnenden Hausthiere als die zum Boden. Und doch steht diese auch für eine rein ethnographische Eintheilung im Vordergrund, da eben die wichtigste Folge des Ackerbaues die Be- festigung der Beziehungen zwischen dem Menschen und dem Boden ist. Wir werden also auf der untersten Stufe den vereinzelten Hackbau finden, der da und dort sich ein kleines Feld im Wald oder der Savanne lichtet, um eine oder mehrere Ernten daraus zu ziehen und es dann zu verlassen: kleiner Raum und kleinste Stetig- keit in seiner Benutzung. Die Fläche vergrössert sich durch die Gemeinsamkeit des Anbaues. Das gemeinsame Feld ist grösser und schon darum beständiger als das einzelne, es nimmt einen grösseren Theil des politischen Bodens ein und wirkt befestigend auf den Zusammenhang der Gemeinschaft mit ihrem Boden zurück. Nur in gemeinsamer Arbeit sind Fortschritte wie die Verbesserung des Bodens durch Terrassenbau und die Vergrösserung der Erträge durch künstliche Bewässerung überhaupt möglich. Kehrt nun im Gartenbau die kleine Culturfläche wieder, so ist sie doch mit einer so sehr gesteigerten Intensität der Bewirthschaftung verbunden, dass sie nur bei einer grossen Innigkeit der Verbindung zwischen dem Bewohner und dem Boden überhaupt denkbar ist. Sie stellt insofern die Spitze der auf Befestigung dieser Verbindung gerichteten Entwickelung dar.

Eine zweite Linie führt von dem gemeinsamen Land, dessen grosse Fläche leistungsfähige Werkzeuge — zunächst die in Neu-Guinea zu findenden starken Holzstangen, die je von mehreren Menschen bei der Umbrechung des Bodens gehandhabt werden — zur Bearbeitung verlangte, mit Hilfe des Pfluges zum Ackerbau, den die gemeinsame Arbeit bei der Umbrechung des Dorfackers vorbereitet hat. Indem der Ackerbau bei Vervollkommnung seines charakteristischen Werkzeuges, seinen Raum vergrössert, fordert er immer mehr vom Land des Staates für die Wirthschaft der Bewohner, deren dabei sich vergrössernde Zahl zu immer neuen Bodenforderungen führt. In Länder mit praktisch fast unbeschränkten Mengen Ackerland übertragen, nimmt er mit vervollkommneten Werkzeugen, Maschinen, endlich den höchst extensiven Charakter an, und umfasst in einer zusammenhängenden Anbaufläche den Raum von einigen innerafrikanischen Kleinstaaten. Der Plantagenackerbau der Tropen umfasst zwar auch weite Räume und treibt die politischen Gebiete noch mehr zur Ausbreitung an — Expansionspolitik der Vereinigten Staaten unter dem politischen Einfluss der Baumwollbauer! — steht aber an Intensität weit zurück und sieht mit seiner rohen Bodenausnützung oft mehr wie eine Vergrösserung des Hackbaues auf gemeinsamem Felde aus.

Wir sehen also, wie die Völker auf niederen Stufen nur einen kleinen Theil des politisch beanspruchten Bodens wirklich einnehmen und wie sich immer weiter diese Fläche ausbreitet und endlich den grössten Theil des Staatsgebietes wirklich ausmacht. Die Nutzfläche fällt allerdings auch auf dieser Stufe nicht mit der Bodenfläche des Staates zusammen, dessen rein politische Räume zwar immer mehr zusammengedrängt, aber ebendesshalb auch klarer ausgesondert sind. Damit ist nun der Boden des Staates doppelt okkupiert, einmal politisch, das andere Mal culturlich-wirthschaftlich. Diese Art von Besitzung stärkt jene; die Stetigkeit der Ansiedelung bringt auch Stetigkeit in der politischen Beziehung zum Boden mit sich. Die Aufgaben des Staates werden immer mehr Culturaufgaben, und der Ackerbau wird im alten Peru und in China nicht bloss zur ersten, sondern zur geheiligten Angelegenheit des Staates.

Der Nomadismus und sein Boden.

Den Nomadismus, diese örtlich bedingte Wirthschaftsform und Lebensweise, als einen nothwendigen Durchgangspunkt der Entwickelung der Menschheit aufzufassen, ist einer der schwersten Irrthümer der älteren Ethnographie und politischen Geographie. Dass MORGAN diesen Irrthum nicht bloss wiederholt, sondern daraus einen Eckstein seines Systems macht, indem er seine Mittelstufe der Barbarei mit der Zähmung von Hausthieren beginnen lässt, überrascht uns bei der Unvollkommenheit seiner ethnographischen Grundlage viel weniger als dass diesen Irrthum auch die einzige grosse Monographie wieder bringt, die wir in deutscher Sprache von einem Nomadenvolk besitzen. VAMBERY beginnt den Hauptabschnitt Mittelasiatische Türken seines Werkes. Das Türkenvolk (1885) mit den fast poetisch klingenden, jedenfalls aber wissenschaftlich nicht zu begründenden Sätzen: So wie das Thier, vom Instinkt des Hungers und des Durstes getrieben, auf den Bergen und in den Thälern, in Wäldern und auf der Steppe die zu seinem Unterhalt nöthige Nahrung suchend umherstreift, ebenso hat der Mensch im Urzustande seiner Existenz, als es ihm noch an Mitteln zur künstlichen Herbeischaffung seiner Nahrung mangelte, von einem Platz zum andern wandern, d. h. ein nomadisches Leben führen müssen. Zuerst allein mit seiner Familie und Angehörigen umherziehend, mussten im späteren Verlaufe, als er Thiere gezähmt hatte und Thierzüchter geworden, die Grenzen der engeren Heimath um so mehr erweitert werden, da die ihm folgenden Heerden das Gras der Triften bald abgeweidet war, und er, um seine eigene Nahrung zu sichern, auch für die Nahrung seiner Hausthiere zu sorgen hatte. So entstanden die Hirtenvölker oder nomadischen Gesellschaften . . .[7]).

Statt auf vollkommen unbekannte Ursprünge zurückzugeben, die man niemals wird erkennen können, fragen wir uns, was dieser Nomadismus der Hirtenvölker vor allem im Verhältniss zu seinem Boden sei? Welche Stellung nimmt er in der Entwickelung der Menschheit auf ihrer Erde ein? Eine dünne Bevölkerung in weitem Raume, wo die Bedingungen dem Wandern mit grossen Viehherden günstig sind, die nicht lange an einem Platze verweilen können, sondern ihre Nahrung auf entlegenen Strecken suchen müssen, die sie im Laufe eines Jahres abweiden. Daher wenig oder keine festen Siedelungen und ein entsprechend schwacher Halt am Boden. Das ist der Nomadismus, rein geographisch genommen. Der Mensch ist seinen Herden zulieb beweglich geworden, er führt Haus und Geräthe mit sich und verweilt nur wenige Wochen an einem Ort, wo er sein kunstreiches Zeltgerüst aufschlägt. Das setzt auch beim besten Boden und förderlichsten Klima einen weiten Raum voraus, auf dem mit allen Hilfsmitteln einer höheren Cultur die Nachtheile einer allzulockern Verbreitung der Bewohner nicht zu vermeiden sein werden. Die höchste Cultur kann also mit dem Nomadismus nicht verbunden sein. Wo sie in einem Lande neu angepflanzt wird, das ihm entgegenkommt, sehen wir sie von den wesentlichen Zügen ihres Wesens einbüssen. Ein guter Theil des für die Geschicke Südamerikas auf lange hinaus bestimmenden Gegensatzes von Chile und Argentinien hat darin seinen Grund, dass Argentinien von Anfang an einen viel breiteren Raum darbot. Der starke nomadische Zug lässt hier eine so scharfe Sonderung der Landbauer (Rotos) und Grundbesitzer wie in Chile nicht aufkommen. Das Wesen des Gaucho beherrscht, wenn auch verdünnt, das Leben der hohen und niederen Pampasbewohner auf dem Lande wie in den Städten und überschreitet von Corrientes nach Rio Grande sogar die nationale Grenze zwischen spanischer und portugiesischer Bevölkerung. Der Grundbesitz mit wandernden Hirten und Herden übt nicht die befestigende Macht wie das durch Arbeit erworbene, festbegrenzte Ackerland von sicherem bleibendem Werth. Diese Macht fühlt man in der verhältnissmässig ruhigen Entwickelung Chiles und dem im Grund oligarchischen Charakter seiner Regierung, während die Blüthezeit des Gauchothums in den Staaten am La Plata eine Folge von politischen Umwälzungen zeigt, in denen das bewegliche Element der Steppenbewohner eine grosse Rolle spielte.

Die Bevölkerung der Steppen ist höchstens ein Zehntel von der Bevölkerung eines wohlangebauten Landes. Wo die Steppe sich mit Wüste mischt, wie auf der Sinaibalbinsel, da sinkt die Bevölkerung auf 7 auf 1 Q.-M., wo sie grasreich wird und grosse Herden nährt, kann sie 100 übersteigen. Die Regel ist aber, dass die Bevölkerung der Steppen, wo die Nomaden ungelenkt und ungeregelt durch die Gesetze fremder Herren leben, viel kleiner ist als nach Boden und Wasser vorauszusehen wäre. Als die Russen nach Merw kamen, fanden sie auf der ganzen 200 Km langen Strecke zwischen Merw und Günars, die der Herirud befruchtet, keine Ansiedelung. Die Vertheilung der Bevölkerung ist auch sehr ungleich. Menschenleere Strecken von grosser Ausdehnung wechseln mit Oasen dichtgedrängter Ackerbauer. In den chinesischen Ansiedelungen der Westmongolei herrscht Uebervölkerung mitten in den leeren Steppen.

Wo der Nomade Herr und wo er noch ganz Nomade ist, lässt er eine starke Bevölkerung gar nicht aufkommen, es müsste denn in kleinen Gruppen in den Oasen sein, die dann regelmässig ausgebeutet werden. Die Regel ist vielmehr: Die Steppe lässt weder eine starke Vermehrung des Volkes noch eine Kultur zu, die sich in sich vertieft und einwurzelt, sie treibt den Ueberfluss nach aussen, zerstört, befruchtet zugleich jenseits ihrer eigenen Gebiete fremde Kulturen. Dieses Hinauswirken lässt ein Land, das Völker von weltgeschichtlicher Bedeutung gebildet und umgebildet hat, fast wie eine Wüste unfruchtbar, unentwickelt verharren. Arabien, zu drei Viertheilen dauernder Bewohnung ungünstig, ist nur als ein völkernährender Boden geschichtlich, seine Völker trugen ihre geschichtliche Wirksamkeit über diesen Boden hinaus. Arabien ist seit der Entstehung des Islam unbekannter als es den Alten gewesen. Ptolemäus wusste mehr davon als die Europäer vor Niebuhr und Seetzen. Nur in dem dichter bewohnten, ackerbauenden, Glücklichen Arabien, im südlichsten Winkel der grossen Halbinsel, fanden die starken, kriegerischen Stämme des Nordens und des Innern das Material zur Entwickelung eines einheimischen Staats- und Kulturgebietes, dessen Bedeutung allerdings neben dem verschwindet, was die Araber von Aegypten bis Spanien und Sicilien aufgenommen und geschaffen haben.

Der Nomadismus der Hirten wird durch sein eigenes Princip immer weiter getrieben. Wenn auf niederer Stufe der Cultur schon der Besitz des Rindes allein zum Wandern zwingt, weil die sedentäre

Viehzucht mit Wiesen, Heu, Stallfütterung u. s. w. nicht bekannt ist, so steigert die naturgemässe Vermehrung der Heerde noch die Neigung aller Wirthschaft auf dieser Stufe sich auszubreiten. Mit der Beherrschung der Thiere, dem Schlachten und Blutgenuss hängt eine Gemüthsverrohung zusammen, die mit der körperlichen Abhärtung durch das Steppenklima und das Umherziehen auf die Bildung starker, roher Naturen hinwirkt. Das ist ein guter Boden für die straffe durch die Märsche gebotene Ordnung und Disciplin. Die Ansässigkeit schwächt die Völker politisch, (s. u. S. 114) der Nomadismus stärkt sie. Aber der Nomadismus grübt sich selbst den Boden ab, indem er die Gaben der Natur geniesst, wie sie wachsen, während der Ackerbau die Erträge steigert und immer mehr Menschen die Möglichkeit bietet, auf gleicher Fläche zu leben. Darin schreitet der Ackerbau fort, während der Nomadismus seinem Boden gegenüber schon frühe entweder stillsteht oder zurückgeht.

Lassen wir zunächst unerörtert, ob nicht die Steppe selbst an vielen Stellen dürrer geworden sei und versande, die Volkssage verkündet es vom Jordan bis zum Amur, so ist sicher, dass die Menschen selbst mächtig dazu beigetragen haben, diesen ihren eigenen Boden zu verderben. Der Flugsand lauert an tausend Stellen, um von der Wüste her in die Steppe vorzudringen. Wie häufig sind gerade in den Steppen Trümmer des Schaffens und Gedeihens früherer Geschlechter! Wo der Weg von Karsobi nach Burchalyk die Sandwüste streift, da ist fast alle Kultur auf dem rechten Ufer des Amu Darja bereits von dem Sande bedroht. Die mächtigen Pappeln (Populus diversifolia) und Tamarisken an alten Rastplätzen sind schon halb vom Sande verschüttet. Trockene Brunnen, verlassene Wege, verfallene Rasthäuser bezeugen einen alten Verkehr. So sind aber alle Nomadengebiete ruinenreich und das »Ueberschwellen« der Hirtenvölker ist oft einfach nur durch das Verfallenlassen' der Fruchtbarkeit ihres Bodens bedingt gewesen, der sie nicht mehr erhalten konnte.

Nie haben sich Völker in eine Form und Art des Bodens so hineingeformt, wie diese wandernden Hirten, dass sie ohne ihn nicht mehr denkbar sind. Bei aller scheinbaren Freiheit ist es die grösste Abhängigkeit von den natürlichen Bedingungen. Mit diesen zugleich legt sich eine Gemeinsamkeit der Sitten und Gebräuche auf, die dem ethnographischen Bild dieselbe Einförmigkeit verleiht die dem natürlichen zu eigen ist. Was in Centralasien und bis nach Europa herein in der Steppe wandert, ist uralaltaïscher Mongole oder Türke, wie auch sonst sein Ursprung sei, was in den Oasen oder den die Steppe umran-

denden Ländern den Acker baut ist, heute Arier") oder Chinese. Wo
im Westen Nordamerikas und auf den Pampas und Llanos Südamerikas die Steppenviehzucht sich herausgebildet hat, haben ihre Hirten,
ob Cowboys, Gauchos oder Llaneros indianisches Blut in sich auf-
und indianische Sitten angenommen und stehen sicherlich dem Step-
denindianer näher als dem ackerbauenden Sprössling Europas. So
bewegt sich das Leben der Nomaden in der steppenhaften Nordhälfte
Afrikas in arabisch-maurischen Formen vom Rothen Meer bis zum
Atlantischen Ocean. Und was in der Osthälfte Afrikas von den
Dinka bis zu den Ama Kosa mit Rinderherden wandert, trägt überall denselben Stempel des Hirtennomadismus der Neger. Verschie-
denstes Völkerleben ergiesst sich so in die feste, weil naturbedingte
Form des Nomadismus.

Den einst so sicher angenommenen Einfluss der Steppe auf die
Körper der einzelnen Menschen können und müssen wir hier bei-
seite lassen, dafür aber um so bestimmter die Modelung der gesellschaftlichen und politischen Einrichtungen der Hirten-Völker durch
das Leben in der Steppe behaupten. Die Hirtennomaden haben sich
den Lebensbedingungen dieser weiten Grasebenen so vollkommen
unterworfen, dass das Herauskommen aus den dadurch vorgeschrie-
benen Lebensformen für sie eine Sache von grösster Schwierigkeit
geworden und eigentlich nur dort auf die Dauer gelungen ist, wo
dem Nomadismus der Nährboden durch den Ackerbau einfach weg-
gezogen wurde.

Das Verhältniss zum Boden tritt gerade dort im Nomadismus
am deutlichsten zu Tage, wo er sich der Uebergangsstufe nähert,
die man als Halbnomadismus bezeichnet. Der Prozess besteht
in einem beginnenden und vielfach unterbrochenen Sesshaftwerden,
wodurch ebensowohl die Wanderzeit als der durchwanderte Raum
beschränkt wird. Der Nomade pflanzt einige Cucurbitaceen und Le-
guminosen an den Orten, wo die Herde ihm gestattet, seine Zelte
einige Monate stehen zu lassen. Vielleicht kommt bald das anspruch-
loseste Getreide, die Hirse, hinzu. Gelingt es dem Nomaden so
lange zu verweilen, bis seine Pflanzung zur Ernte reif ist, was wesentlich von der Güte des Bodens und vom Klima abhängt, so ist
der nächste Schritt, dass er ein Vorrathshaus baut, in dem er die
Früchte unterbringt. Das ist zwar eine ärmliche Lehmhütte, in der

er nicht wohnt, neben der er vielmehr sein Zelt wie sonst aufschlägt, aber es ist doch der sicherte Schritt zur Sesshaftigkeit. Bezeichnend, dass er in der Regel am Rande der Steppe oder dort gemacht wird, wo eine Oase des Ackerbaus die Steppe unterbricht.

Nomaden und Ackerbauer.

Ein starkes Hirtenvolk lässt nicht von seinen Herden und seinen Wanderzügen und ein Ackerbauervolk geht nicht ungezwungen zum Nomadismus über. Die beiden wahren sich also auch die Bodenflächen, die sie, jedes für den höchsten Zweck seines Daseins, brauchen; oder suchen sie noch zu erweitern. Es wäre verfehlt, zu glauben, der Ackerbau und die Viehzucht seien nur Erwerbszweige, es sind Formen des Lebens, in denen jede Thätigkeit und jedes Streben eine besondere Richtung empfängt: Die Tracht, die Nahrung, die Lebens- und Wohnweise, die Familie, die Gesellschaft und der Staat: alle sind bei den beiden grundverschieden. Nur die härteste Nothwendigkeit kann aus Ackerbauern Nomaden machen und umgekehrt. Wir sehen den Umbildungsprozess sich nur rasch vollziehen, wenn eine dieser »Lebensformen« auf das Gebiet, den Boden einer anderen gedrängt wird, dagegen braucht er Generationen, wo ein freiwilliges Uebergreifen geschieht, natürlich in der Form der Eroberung. Dabei entschied endgiltig immer die wirthschaftliche Ueberlegenheit des Ackerbaues gegen die politische des Nomadismus.

Die Einwanderung von Ackerbauern in die Gebiete wandernder Steppenvölker ist erst auf einer hohen Stufe der Kultur möglich geworden und wir begegnen ihr thatsächlich nur als einer verhältnissmässig modernen Erscheinung in drei grossen Steppenländern: Von China sind seit der Unterwerfung der Mongolei unter China (die allerdings erst möglich geworden ist durch die vorhergehende Eroberung Chinas durch die Mongolen) die Ackerbauer des Hoangho-Gebietes im Vordringen nach Westen; sie occupieren immer mehr Oasen und haben die Grenze des zusammenhängenden Ackerbaulandes bereits bis an ihre geologisch gegebene Naturgrenze vorgeschoben. Die Ausfuhr von Erzeugnissen der Ackerbauer geht nach China, wo sie einstens aus China kam. In Osteuropa hat ein ähnlicher, aber weniger grossartiger Prozess sich seit der Unterwerfung Astrachans, Neurusslands und anderer Steppengebiete durch Russland voll-

zogen. Und endlich folgt im Prärien- und Pampasgebiet Nord-
und Südamerikas der Eroberung die Verdrängung der schweifenden
indianischen Reitervölker durch die Weissen. Ueberall geht also die
politische Eroberung und Unterwerfung diesem Vordringen der Ackerbauer voran, das demnach nur unter dem Schutze der Waffen —
alle diese Einwanderungsgebiete sind stark befestigt und garnisoniert
— sich vollzieht. Weite Gebiete, die in dieser Weise nur ganz
dünn bevölkert oder sogar menschenleer gewesen waren, wandelte
der Ackerbau, der sesshafte Menschen sich vermehren liess, in Länder zahlreicher Dörfer und grosser Städte um. Neben diesem po-
sitiven Ergebniss steht die Verdrängung der Nomaden, die Einengung
nomadischer Wohnsitze. Eine der grössten Wendungen in der Geschichte Europas, folgenreich für alle Zeiten, liegt in der Ausbreitung des Ackerbaus über die Steppen, Pussten u. s. w. Osteuropas.
Und erleben wir nicht in unserer eigenen Zeit eine für Amerika
noch bedeutsamere Wandlung des Bodens und des Volkes durch
den Boden in dem weiten Gebiet der Prärien und eines Theiles
der Plains des Inneren und des Westens, wo der Ackerbau ein- und
der Indianer auszieht und mit ihm die alte Rasse und Kultur? Das
ist derselbe Prozess, der den Chinesen die Mongolei und die Mandschurei im friedlichen Ringen zu eigen gemacht hat.

Der Kampf des Hirten und des Ansässigen ist so alt wie die
Geschichte, die man als Weltgeschichte zu schreiben pflegt. Er tritt
uns im alten Aegypten entgegen, und die Wurzeln des Judenthums
ruhen in ihm. Die altpersische Religion stellt in Auramazda und Ahriman
das Wohlthätige des Fruchtlandes dem Schädlichen der Steppe gegenüber. RANKE nennt diese Religion, »auf den Anbau von Iran gegründet«.
Der Kampf der angesiedelten und wandernden Bevölkerungen nicht
nur, auch der des bewässerten Landes gegen den Sand, der frucht-
bringenden Bäche gegen die Dürre spricht sich darin aus, kurz der
autochthone Zustand eines oasenreichen Steppenlandes, dem be-
schränkte Wüsten nicht fehlen. So wie der Boden der alten Welt
durch den grossen Zug eines vom Atlantischen zum Stillen Meer sich
erstreckenden Steppengürtels bezeichnet ist, den zu beiden Seiten
fruchtbare Tiefländer begrenzen, so geht durch seine Geschichte die
Wirkung der Nomaden, die in diesem Gürtel wohnen und wandern,
auf die Ansässigen zu beiden Seiten. Er erstreckt sich bis nach

Europa hinein und einst mehr als jetzt. So entspricht die schon
bei Tacitus vorhandene Sonderung der Völker Ost-Europas in ackerbauende Wenden und nomadisierende Sarmaten dem Gegensatz der
Steppen des Südostens zum Waldland nördlich davon. Auch später
noch stehen Mittel- und Osteuropa als Wald- und Steppenland einander gegenüber und vor der Bekehrung der Ungarn erfüllten Nomaden jeden Steppenwinkel bis zum Fuss der Alpen und Karpathen.
So wie das Steppen-Tiefland der mittleren Donau zwischen die Karpathen und die östlichen Alpenausläufer hineinzieht, wohnen heute
die Magyaren, das einstige Steppenvolk, als Keil zwischen den Nord-
und Südslaven. Die Entwickelung der diesem Tiefland entsprechenden magyarischen Macht wies Mähren und Böhmen dem bodenver-
wandten Deutschland zu. Das Weideland löste also den Zusammenhang der Ackerländer und richtete eine Schranke im Donaubecken
zwischen Osten und Westen auf.

Der Staat der Nomaden.

Die Erläuterung des grossen Mercator zu einer Karte von Scy-
thien und Parthien: »Sacae Nomades sunt, civitates non habent«
stellt lapidar eine Ansicht hin, die ein graues Alter für sich, die aber
auch die Beschränktheit der gealterten, einförmig und ungeprüft
immer wiederholten Lehrmeinung hat. Wenn die Alten den Staat
dort vermissten, wo es keine civitas in ihrem Sinne, d. h. keine
politisch organisierte Stadt gab, so kennen wir die politische Geographie der wandernden Türken und Mongolen zu gut, um nicht zu
erkennen, dass die Stämme ihre Gebiete, ihre Grenzen und in vielen
Fällen sogar ihre festen Mittelpunkte (in den Winterlagern) haben,
von denen aus sie grosse politische Aktionen ausführten und zu denen
sie zurückkehrten, so lange es möglich war. Die Trennung nicht
bloss der Gebiete der Choschune, sondern auch der einzelnen Fah-
nen durch Flussläufe, Höhenzüge oder Sandstrecken ist übrigens aus
allen sorgfältigen Beschreibungen Innerasiens zu entnehmen. Ich
nenne aus jüngerer Zeit nur POTANINS mit Recht geschätzte Reisen
in der westlichen Mongolei[9].

Auf eine Anfrage schrieb mir Professor ANUTSCHIN in Moskau, ein guter
Kenner der Ethnographie der osteuropäischen und westasiatischen Nomaden:
Es ist sicher, dass die Kirgisen (Kaïssaken oder besser Chassaken) und Mon-

golen nach bestimmten Gebieten angeordnet und die verschiedenen Geschlechter, Choschune »Beine« und wie sie nur heissen mögen, durch natürliche Grenzen von einander getrennt sind. Sicher ist es auch, dass diese Geschlechter, wenn sie ihre Winter- und Sommerplätze wechseln, immer zu denen wiederkehren, die sie früher besessen haben. Es kommt auch vor, dass ein Geschlecht ausser den näheren Plätzen auch andere weiter abgelegene in seinem Besitz hat, die fast niemals von ihm wirklich beweidet werden; doch bleiben sie sein Eigenthum und wenn ein anderer Stamm oder ein anderes Geschlecht kommt, um dort zu weiden, so findet er es ganz natürlich, dass er dafür eine Abgabe entrichtet. Auch den chinesischen Behörden, die die Verwaltung der Mongolei leiten, sind solche Grenzen bekannt und in chinesischen Beschreibungen sind sie niedergelegt. Möglich ist es, dass mit dem Uebergange zum Ackerbau, der in einigen Theilen der Mongolei weit vorgeschritten ist, die Grenzen noch fester bestimmt und bestimmter festgehalten werden.

Doch die Grenze ist nur ein Theil des Staates, und nur eins von den Symptomen staatlicher Zusammenfassung. Der Nomadismus organisiert die mehr zufälligen Bewegungen der Völker, erhebt sie zu einer festen Einrichtung, die Leben und Thätigkeit in weiten Gebieten vollkommen beherrscht und höchst wirksame politische Werkzeuge schafft. Aber allerdings organisiert er nicht in demselben Masse den Boden wie seine Bewohner. Darin liegt nun keine Staatslosigkeit, dass er zwar gewaltige Gebiete umfasst und doch an keines so fest sich klammert wie der Ackerbau. Die Staatswesen der Nomaden beweisen nur, dass verschiedene Beziehungen der Staaten zum Boden möglich sind. Wenn die Nomaden staatslos wären, wie wäre das Eindringen des Nomadismus in höher organisierte Staaten denkbar? Aber gerade im Kampf mit den Steppenvölkern hat sich wie nirgends sonst das Gesetz der politischen Geographie bewährt, dass man dem natürlichen Vortheil des Gegners nur gleichen Vortheil gegenüber setzen kann, wenn man seinen Boden betritt und sich derselben Natur unterwirft. Die Steppe wird nur in der Steppe überwunden. So wie Mittel- und Osteuropa sich als Wald- und Steppenland gegenüber stehen, sind auch die osteuropäischen Mächte immer am meisten berufen gewesen, gegen die Bewohner der asiatischen Steppen zu kämpfen. Sie haben es aber mit dauerndem Erfolg nur dort gethan, wo sie tief in die Steppen vordrangen und die Steppenvölker in ihren eigenen Dienst zwangen, die sie nun den unabhängig gebliebenen Steppenvölkern entgegenwarfen. So sind die Russen die grosse europäisch-asiatische Grenzmacht und Grenzwacht geworden und mit einer Kriegführung, die etwas Türkisch-turkmenisches hat, sind sie tief in die Steppengebiete vorgedrungen. Es war einer der Gründe der Schwäche des Römischen Reiches, dass es wie vor einer unbekannten, unberechenbaren Gefahr in Dacien und Kolchis, Syrien und Assyrien Halt machte am Rand der Steppe. So blieben aber auch immer die Gefahren der Steppe für Rom bestehen und beschleunigten sein Verderben.

Aus der Beobachtung des Ganges der Geschichte in den letzten 200 Jahren ergiebt sich die Unabweislichkeit der immer weiteren Zurückdrängung der Nomaden aus den politischen Grenzen und Wirkungskreisen ansässiger Völker. Wenn in diesem Zeitraume sie kein Terrain gewonnen, sondern nur verloren haben und, was wichtiger, ihre Kulturform, ihre Lebensweise sich ohnmächtig gezeigt hat in der Berührung mit der Kultur der ansässigen Völker, wenn diese ihnen die Einfachheit der Sitten, den kriegerischen Charakter genommen, endlich sogar ihre Zahl vermindert hat, so wäre es doch voreilig, zu schliessen, dass damit der Nomadismus als eine weltgeschichtliche Macht zu streichen sei. Auf sich allein gestellt, hat er keine Zukunft, in den Diensten grosser Kulturmächte, wie Russland oder China, kann er sie wieder gewinnen. Das Eingreifen der osteuropäischen Mächte in die Gesammtgeschichte Europas hat in der militärischen Verwendung der Massenaufgebote, des Uebergewichtes der berittenen Schaaren, der weiten Raumverhältnisse immer etwas nomadenhaftes gehabt. Wird Asien durch Kultur und Verkehr noch näher an Europa herangezogen, so kann auf diesem Wege auch der Nomadismus noch einmal eine erneute Bedeutung gewinnen.

Die Gesellschaft und der Boden.

Aus der vollkommen gleichen Vertheilung alles Bodens entsteht eine gleiche Gesellschaft, in der leichte Abwandlungen nur durch die verschiedene Güte des Bodens hervorgerufen werden. Eine ganze Anzahl von Einrichtungen, die man auf allen Kulturstufen trifft, bezwecken die Erhaltung dieser Grundlage der gesellschaftlichen Gleichheit. Die verbreitetste und scheinbar älteste ist der Gemeinbesitz. Aber schon die Gesetzgebung der alten griechischen

Staaten bietet eine Sammlung von Versuchen durch Beschränkung des Verkaufs und der Vererbung die Gleichheit der Beziehungen zum Boden zu erhalten oder wiederherzustellen, weil ihre Nothwendigkeit für einen Staat gleichberechtigter Bürger früh eingesehen worden war. Staatsmänner und Philosophen kannten die Gefahr des Zustandes, den Plato im »Staat« in die scharfe Form fasst: Jeder der griechischen Staaten ist nicht einer, sondern schliesst zwei Staaten in sich, den der Reichen und den der Armen. In jedem Bürgerkrieg der griechischen Städtestaaten handelt es sich immer auch um den Grundbesitz. Jeder schien die Anschauung des Aristoteles zu bestätigen, ein Staat müsse nach der Forderung der Natur aus Elementen zusammengesetzt sein, die einander möglichst gleich sind. Die Kleinheit und wesentlich ähnliche Naturbeschaffenheit ihrer Staaten liess sie die dieser Forderung zunächst entgegenstehende natürliche Ungleichheit wenig beachten.

Wir haben aber grössere Beispiele vor Augen, die uns lehren wie von der Art und Güte des Bodens die Siedelungs- und Lebensweise eines jungen Volkes entschieden abhängen und wie dann die erste Vertheilung und Benützung des Bodens auf Jahrhunderte in seiner Geschichte weiter wirkt. Ohne es zu wissen, empfängt dadurch ein Volk verschiedene Richtungen, die vielleicht für lange seinen Weg bestimmen. Wir haben keine Nachrichten über eine ursprüngliche Verschiedenheit der Einwanderer in Chile und Argentinien und doch beobachten wir früh das Auseinandergehen der Ackerbauer dort von den Viehzüchtern hier. Die weiten Grasebenen, die keinen Schutz für die Errichtung der ersten Hütte, keinen Schatten und selten eine Quelle darbieten, sind alle erst spät in ihrer Geeignetheit für den Getreidebau erkannt worden. Das gilt von Osteuropa so gut wie von Westsibirien, vom Inneren Nordamerikas so gut wie von den Pampas des La Plata-Gebietes. Als aber der Getreidebau die Güte des dunkeln Prärie- oder Pampabodens kennen lernte, breitete er sich rasch mit Landgütern von Fürstenthumgrösse über die hindernisslosen Ebenen aus. Es ist derselbe Unterschied zwischen den Pamperos Argentiniens und den Rotos Chiles wie zwischen den Besitzern der 200 Q.-Km. messenden Dalrymple-Farm im Prärielande Dakota und den Kleinfarmern des armen Gebirgs- und Hügelbodens der Alleghany-Region. So wird

nun auch im Kleinen mit der Güte des Bodens in einem Lande die
Macht seiner Bewohner wechseln. Dadurch entstehen geographische
Sonderungen des Volkes, nicht zum Besten des Staates. Periöken
ist ein Ausdruck für einen derartigen geographischen Zustand, der die
Bewohner der Berge rund um das Spartiatenland bezeichnete, die den
undankbareren Ackerboden des Gebirges bestellten. Bezeichnet doch
auch Sparta den erdreichen, kulturfähigen Boden. Rein geographisch
nach der Natur des attischen Bodens waren die drei Gruppen der Pe-
dieer oder Ebenenbewohner, der Diakrier oder Gebirgsbewohner, der
Paralier oder Küstenbewohner gesondert. Ausserdem unterschied man
die ferner wohnenden Apöken von den günstiger in der Mittelebene
liegenden Grossgrundbesitzern. Auf die armen Bergbewohner stützte
sich Peisistratos im Kampf mit den Reichen der Ebene und der Stadt.
In allen Gebirgsländern, wo die Natur selbst durch die unergiebigen
Einschaltungen der Felsen und Eisfelder die Ausbreitung grosser
Einzelbesitzungen erschwert, hat sie mit den dauerndsten Mitteln
jene Gleichheit der Lebensbedingungen geschützt.

Was die einzelnen Wohn- und Wirthschaftsgebiete eines Volkes ausein-
anderhält, das trennt auch die Klassen. Der Verkehr, indem er verbindet,
gleicht nicht bloss Unterschiede der Staaten und Wirthschaftsgebiete aus,
sondern nivelliert auch Höhenunterschiede der Gesellschaft. Daher sind die
Aristokratien nie der Gleichstellung und Verkehrsverbindung günstig gewesen. Die ihnen entgegen wirkenden Peisistratiden waren es, die in Attika
durch genau vermessene auf dem Kerameikos zusammenlaufende Strassen
Hoch und Nieder, Stadt und Land, Alt- und Neubürger zu einem Ganzen zu
verschmelzen, die Landschaften zu einem Lande zu vereinigen strebten.

Unter den Bewohnern und Anbauern eines Bodens kann bei
gleichen Bodenantheilen zuerst durch die Lage eine Familie über alle
anderen hervorgehoben werden. Gelingt es ihr, die in verschiedenen Gewannen zerstreuten Aecker durch Tausch zusammenzulegen,
so steht dieses geschlossene Gut allen anderen als ein besseres
gegenüber. Es ist nicht mehr die vollkommene Gleichheit. Ein solcher
Besitz gehört zum Dorf und ist doch davon getrennt. Sein Herr wird,
wenn die Richtung der Entwickelung die Herausbildung von Unterschieden begünstigt, leicht mehr als die anderen. Wo es auf den ausdauern-
den Kampf mit grossen Naturkräften ankommt oder wo diese auszunützen sind, wo z. B. künstliche Bewässerung anzuwenden ist, da führt
die nothwendige Leitung aus höherem Gesichtspunkt, zum Ueber-

gewicht Einzelner. Zwingt die Theilung der wirthschaftlichen Arbeit
Einzelne zur Aufgabe ihres Bodenantheiles, dann wird er leichter
diesem schon Bevorzugten zufallen. Und so hat dieser auch in allen
anderen Vorgängen, die Land aus der Hand des ursprünglichen Be-
sitzers gehen lassen, den Vorzug.

Mehr als alles bringt die Vermehrung des Volkes bei gleich-
bleibendem Boden »Verwirrung in die einfachen Einrichtungen der
Vorzeit« (DAHLMANN). Sie legt dem Einzelnen grössere Arbeitslasten
auf. Dabei überträgt sich der grosse Kulturgegensatz zwischen dem
herrschkräftigen weit ausgreifenden Nomaden und dem beschränkten,
leicht unterworfenen Ackerbauer in den engeren Bezirk der Gesellschaft.
Die Arbeit des Landbauers fesselt den Mann an die Scholle, in die er
seine Beweglichkeit hineingräbt. Die Ernten, die um ihn herum auf-
schiessen, beengen seinen Blick. Seine Zeit wird ganz von der Arbeit
des Feldes in Anspruch genommen. Das alles macht ihn immer unfähi-
ger zur Leitung eines grösseren Staates mitzuwirken. Schon aus diesem
Grunde verliert er so leicht diese Leitung, wenn er sie auch festhalten möchte. Es giebt Leute um ihn her, die beweglicher, weit-
blickender und politisch unternehmender sind und diesen fällt er
naturnothwendig zum Opfer. Wir sehen den Bauer vom Städter, vom
Ritter, Clerus ausgebeutet und zuletzt sogar seiner Freiheit beraubt.
Er ist das Opfer der einseitigen Bewirthschaftung des Bodens geworden, und wird ihr Sklave, weil er darüber die Herrschaft über den
Boden ganz aus den Augen verloren hat.

'An diese Spaltung der wirthschaftlichen und politischen Beziehungen zum Boden knüpft nun das Bedürfniss nach einer starken
Sonderung der Funktionen im Staate an. Weitverbreitet ist etwas
wie ein instinktives Misstrauen gegen die Theilnahme der Ackerbauer an der Leitung des Staates, die ja auch Aristoteles ausschliessen wollte, um ihn ganz den für Staat und Krieg lebenden
Grossgrundbesitzern zu überantworten. Der Sinn ihrer Zurückdrängung
ist nicht misszuverstehen, wenn wir sogar bei den Sandeh und Mang-
battu das vom Philosophen empfohlene verwirklicht, d. h. den Grundbesitz in den Händen eines freien Adels finden, der dem Krieg und der
Jagd lebt, die Arbeit auf seinem Land aber völlig den Hörigen, Sklaven und Frauen überwiesen finden, d. h. Leuten ohne politische
Rechte. Diese hängen unmittelbar mit dem Boden zusammen, jene

mittelbar; diese bearbeiten ihn, jene besitzen ihn; diese leben eigentlich wie Staatslose und sind politisch so wenig berechtigt wie die
Sklaven. Jene haben noch die geistige und körperliche Beweglichkeit, um sogar das Machtgebiet zu erweitern, die diesen in ihrer
gebundenen Arbeit längst verloren gegangen ist. Selbst um mitra-
then zu können, müssen jene dem politischen Mittelpunkte nahe sein
und siedeln sich daher rings um die Gehöfte des Häuptlings an,
während die Hörigen weiter ab wohnen können, wie es die weit
zerstreuten Anbauflächen fordern.

Die politische Kraft des Bodens scheint endlich bei einem unterworfenen Volke ganz verloren gegangen zu sein. Nur der wirthschaftliche Vortheil scheint übrig zu bleiben, den es aus seinem
Anbau zieht. Und doch macht auch in diesem Falle der Boden
seine Macht unmerklich und allmählich geltend, wenn die Besiegten
nicht von ihm weggedrängt werden konnten. Immer haben diese
dann den Vorzug, auf ihrem Boden zu wohnen, daheim zu sein. Die
Sieger sind eingedrungene Fremde. Sie werden abhängig von der
Arbeit ihrer Unterthanen auf dem Boden, den sie, die Herren nur
noch politisch besitzen. Gar oft vermehren sich jene stärker als diese,
indem sie die Früchte des Bodens vervielfältigen. In ihrer Ansässigkeit halten sie sich zugleich auf einer Kulturstufe, die oft weit
über der der Herrscher liegt. Scheinbar ist der Unterschied gewal-
tig zwischen einem Volk siegreicher Eroberer, das sich zum obersten
Herrn eines Landes und seiner Bewohner gemacht hat, und landlosen Einwanderern, die sich zwischen den Altansässigen gleichsam
durchzuwinden haben und nirgends einen festen Grund finden. Und
doch bindet beide der Mangel der unmittelbaren Beziehung zum
Boden zusammen. Daher dann jene seltsamen Zwitterstellungen politischer Herrschaft und kulturlicher Unterlegenheit, und jenes Schwanken
zwischen Verehrung und Verachtung, die von den Hyksos in Aegypten an und den Kossäern in Babylon sich wiederholen bei den West-
gothen in Spanien, den Mongolen und Mandschu in China, den
Arabern und Türken in Persien und Aegypten, den Wa Huma, Wa
Ruanda und Genossen in der Region der Nilquellseen.

CAREY glaubte ein Grundgesetz der Entwickelung der Menschheit in dem
Fortschritt der Arbeit vom geringeren Boden zum reicheren Boden zu finden.
Er sieht darin dasselbe wie in dem Fortschritt von den einfacheren zu den

bessoren Werkzeugen. Da er den Schluss zieht, dass entgegen der Malthus-
schen Aufstellung, der Fortschritt von dem ärmeren Boden zum reicheren
durch das Anwachsen der Zahl der Menschen auf einem bestimmten Raum
bewirkt und also dieses Anwachsen nothwendig für die Vermehrung der
Nahrungsmittel sei, legt er sehr grossen Werth auf dieses Gesetz. Er hat
vielen Fleiss auf den Nachweis seiner Gültigkeit in der alten und neuen
Colonialgeschichte verwendet [10]. Und was wäre klarer als die Abneigung
aller ersten Kolonisten in einem weiten Lande gegen die fruchtbaren, schwer
zu lichtenden und zu rodenden ungesunden Niederungen und ihr Wunsch
nach einem gesunden, nicht mit dem dichtesten Pflanzenwuchs bedeckten,
womöglich frei gelegenen Siedelplatz, der eine kleine, aber sichere Ernte
verspricht? Das Herabsteigen der zahlreicher und dichter werdenden und
mit besseren Werkzeugen ausgerüsteten Siedlerbevölkerung in das Tiefland,
die Ausbreitung von Sand- auf Sumpfboden und von Steppenland in das
Waldland ist ebenso sicher in der Entwickelung der meisten Kolonien und
auch älterer Länder (man denke an Holland) die Ursache rasch zunehmenden Wohlstandes und beschleunigter Fortschritte an Zahl, Macht und Ausbreitung geworden. Wir sehen ja am heutigen Tage die Urbarmachung der
von Fruchtbarkeit strotzenden Sumpfländer der Tarais und des Sundarband
im alten Indien in Gang kommen. Aber doch liegt darin noch nicht das
unmittelbar Zwingende wie in dem Fortschritt von schlechteren zu besseren
Werkzeugen. Die europäischen Ansiedler in Nordamerika wussten grossentheils
guten und schlechten Boden wohl zu unterscheiden. Nicht Unkenntniss, sondern Mangel an Händen und Mitteln hielt sie ab, den besten Boden gleich zu
roden. Es ist etwas anderes, wenn die Russen die sibirische Schwarzerde
erst entdeckten, nachdem sie lange in ärmeren Landestheilen ansässig geworden waren. Es ist aber nicht ein Mangel der Kulturstufe der sie dazu
brachte, sondern ein örtliches Uebersehen. Hatte doch die ältere Kultur
griechischer Kolonisten die Güte der nordpontischen Schwarzerde längst in
den reichsten Weizenernten bewiesen. Wir sehen hier entweder Erwägun-
gen der Zweckmässigkeit oder einfaches Uebersehen. Wenn dagegen Stein-
geräthe statt stählerner gebraucht wurden, lag ein nothwendiger Kulturunter-
schied von Jahrtausenden dazwischen. Der Melanesier bearbeitete aber den
besten schwarzbodigen Tarosumpf mit Holz- oder Knochenwerkzeugen, als der
sibirische Bauer mit der Stahlaxt einen steinigen Boden am Abhang des
Altai lichtete.

Grossgrundbesitzer und Hörige.

Viele Völker sind an den Grenzen fertiger Staaten mit der Forderung von Land für sich und die ihrigen und den damit verbundenen Rechten erschienen und waren bereit, sich in die Staatsord-
nung zu fügen, wenn man ihnen diese Forderung bewilligte. Es
mochte der angestammte Fürst seine Würde behalten und sich auf
die Eingewanderten stützen, nachdem er ihnen Land verliehen hatte.

Traten sie mit überlegener kriegerischer Kraft auf, dann fiel ihnen
freilich mit dem Land auch die politische Führung zu, zumal sie in
der Regel die beherrschenden Stellungen und nicht selten auch das
beste Land einnahmen. So waren die Forderungen und so die
Stellung der Dorier in Argos. So lagen in Lakonien die dorischen
Ackerloose zwischen den Gebirgszügen des Taygetos und Parnon in
der Mitte der lakonischen Landschaft, so dass das beste und zugleich
das Kornland dorisch ward. Aus dieser Vertheilung entstand ein
Stand von Grossgrundbesitzern und ein Stand von altansässigen
Bauern, der dessen Land anbaute, nachdem er mit dem Land unterworfen worden war. Daraus ergab sich fast naturgemäss für jenen
die hervorragende Stellung des nur dem Staat und Krieg lebenden
von der Arbeit der Unterworfenen sich nährenden Adels. Das ist
der Zustand, den wir in Kreta, wie in Böotien, dort unter dorischen,
hier unter thessalischen Einwanderern finden. Und so ist überhaupt
die ältere griechische Geschichte in den meisten Theilen die einer
Aristokratie von Grossgrundbesitzern über Leibeigenen, Pächtern,
Sklaven, in wenigen Gegenden Kleinbauern. Das ist der Zustand,
den Aristoteles philosophisch zu begründen gesucht hat, der sich
über die Abhängigkeit des Staates von der Gesellschaft sehr klar
war. Er glaubte das günstigste Verhältniss dort zu finden, wo über
dem Demos aus Bauern eine Aristokratie von Grossgrundbesitzern
ist, die durch keine Arbeit auch nicht den Ackerbau gehindert ist,
sich dem Staat zu widmen. Von den Städten aus beherrschten
diese Grossgrundbesitzer das Land, so lange die Städte Landstädte
blieben.

In afrikanischen Negerländern finden wir dieselbe Gliederung
des Volkes auf Grund gleicher Besitzvertheilung: Der grundbesitzende
Adel, Abkömmlinge erobernd Eingedrungener; die landbauenden
Hörigen, unterworfene Altansässige; die Sklaven ohne Freiheit und
Boden, meist von aussen her durch Kauf oder Tausch erworben.
Der Grundbesitz ist jenen entweder persönlich eigen oder er ist,
wie bei den Ba Ngala, Stammesbesitz, dessen Vertheilung dem Häuptling unter Zustimmung der Rathsversammlung zusteht. Die grund-
besitzlosen Freien treiben Handel, Fischfang, Jagd und haben oft sogar
auch keine Frauen, während die Grundbesitzer frauenreich sind. Der
Mangbattufürst muss Grossgrundbesitzer sein, denn nur so ist der

Hofhalt und die Gastfreundschaft denkbar, die sein Volk von ihm verlangt. Daher sind auch die zahlreichen Frauen und Sklaven nothwendig, deren Hütten mit denen der Oberbeamten um die des Hofes liegen und die Residenz ausmachen[11]). Aber auch die Grundbesitzer bearbeiten den Boden nicht selbst, sondern betheiligen sich nicht selten an dem anziehenderen Handel, und überlassen jenen dem freien, aber politisch rechtlosen Ngombé. Dabei tritt die eigenthümliche räumliche Zerlegung auf, dass die Ba Ngala auf der Wasserseite der Dörfer wohnen, wo die Kähne sind, während die Ngombé die den Feldern zugekehrte Rückseite einnehmen.

Bei solcher räumlichen Zertheilung eines Volkes in Besitzgruppen, ist es oft nicht mehr möglich, zu unterscheiden, ob man mehrere Völker nur auf demselben Boden oder Schichten eines und desselben durch Besitzunterschiede zerklüfteten Volkes vor sich hat. Niemand zweifelt, dass die Ba Tua, Akka und andere sogenannte Zwergvölker besondere Völker, wenn nicht eine besondere Rasse sind. Nun leben sie aber auf dem Boden anderer Negervölker und dienen diesen, indem sie die Jagd übernehmen, vielleicht auch zu ihrer Vertheidigung beitragen. Dafür geniessen sie deren Schutz. Sie sind als an den Wald gebundene räumlich von ihren Herren getrennt, frei, aber ohne politische Rechte. Ihre Stellung ist ungefähr wie die der Ba Kete, freier Landarbeiter, zu den Ba Kuba, grundbesitzenden Herren. Sicherlich sind die Ba Tua und Genossen viel weniger scharf in Sprache und Kulturbesitz von ihren Herren getrennt als man glaubte. Sie sind wohl ein anderes einst selbständiges Volk, aber nun den Staatsorganismus ihrer Herren und Beschützer innig eingefügt.

Der Antheil von Gruppen am Boden und am Staat.

Man muss die Auffassung bestreiten, dass es jemals einen Staat ohne Boden gegeben habe, kann aber nicht läugnen, dass es Staaten giebt, in denen den Einzelnen oder den Hausständen keine eigene Beziehung zum Boden eingeräumt ist. Sie gewinnen diese Beziehung nur mittelbar durch die Gesammtheit ihres Stammes oder ihrer Gemeinde, wobei die verschiedensten Abstufungen vorkommen von der gemeinschaftlichen Nutzung des ungetheilten Landes bei jährlichen Theilungen bis zu Theilungen für grössere Zeiträume, die dem Einzelbesitz ähnliche Wirkungen haben. Die soziologische Spekulation setzt dieses Gemeineigenthum am Boden an den Anfang der Eigenthumsentwickelung. Die Menschen sollen »in der Urzeit« das Bedürfniss gefühlt haben, sich zusammenzuschliessen, um gemeinschaftlich den Angriffen der Feinde und der wilden Thiere Widerstand zu

leisten, wie auch um das Land durch die Vereinigung der Arme und
das Zusammenwirken der Einzelkräfte urbar zu machen[12]). Aber
dazu ist, wie jede geschichtliche Koloniengründung beweist, durchaus
nicht das »Ureigenthum« nöthig. Die grössten und mächtigsten
Ackerbaukolonien der neueren Zeit haben sich auf dem Einzelbesitz
aufgebaut und haben jenen Schutzbedürfnissen, wie der Erfolg zeigt,
vortrefflich durch ihre einfachen Staatseinrichtungen genügt.

Warum soll das Gemeineigenthum am Boden »Ureigenthum« sein?
Laveleye hat sich in seinem ganzen Buche De la propriété et de ses
formes primitives (I. Aufl. 1874), dem Hauptwerk über diesen Gegenstand, nicht an einer einzigen Stelle deutlich über den Grund ausgesprochen, warum er gewisse Eigenthumsformen als »primitives« ansieht. Was berechtigt zur Voraussetzung eines »Ureigenthums«? Man
kann allerdings zwischen den Zeilen lesen, dass er die Formen als
ursprünglich ansieht, die über einen grossen Theil der heutigen Völker so verbreitet sind, dass sie ebensowohl bei den kulturlich niedrigst
als den höchststehenden sich finden. Er glaubt, dass sie dann überall die Reste eines Entwickelungszustandes bilden, durch den das
ganze Menschengeschlecht hindurchgehen musste, wobei es aber
nicht ganz klar wird, ob er eine Verbreitung dieser gemeinsamen
Einrichtungen von einem Punkte aus annimmt, oder eine psychische
Generatio aequivoca bei jedem Volke auf einer bestimmten Stufe
seiner Entwickelung. Der Vergleich mit anderen prähistorischen in
die Gegenwart hineinragenden Resten kann darüber keine Auskunft
geben, weil er unter einer falschen Perspektive angestellt wird.
Denn wer die Verbreitung der Dolmen und der Steinwaffen als
einen Beweis für einen ursprünglich überall gleichen Zustand der
Wildheit ansieht, durch den die ganze Menschheit einst durchgehen
musste und die Dorfgemeinschaft als »eine Art von Universalgesetz,
das in der Bewegung der Grundeigenthumsformen vorwaltet«, für
den liegen diese Dinge alle in der fernsten Urzeit. Und sie sind
ihm nur so allgemein verbreitet, weil sie eben die ersten und einfachsten Entwickelungen, weil sie die Anfänge sind. In einzelnen
Wendungen, wie im Zustand des Hirtenlebens beginnt der Begriff des
Grundeigenthums zu keimen[13])«, steht Laveleye Morgan'schen Auffassungen offenbar nicht fern und theilt denn auch dessen falsche
Perspektive (vgl. o. S. 69). Wir wundern uns also nicht, dass wir

von »den frühesten Menschen« reden hören, wo wir nach dem
Stand unseres Wissens doch nichts anderes als ältere Geschlechter
erblicken, die nicht einmal über die historische Zeit zurückzureichen
brauchen.

Wenn wir die Fälle betrachten, in denen das Gemeineigenthum
am Boden heute vorkommt, so finden wir zunächst, dass es mit
allen Kulturstufen verbunden sein kann, die wir überhaupt kennen,
dass es auf demselben engen Raum und in derselben Völkergruppe,
so in Melanesien, mit anderen Besitzformen auftritt, und dass es
am wenigsten dort vorkommt, wo die Zustände noch am meisten
den Eindruck des Ursprünglichen machen. Im Verhältniss des Menschen zum Boden kann nichts ursprünglicher sein als die Vertheilung einer verschwindenden Menschenzahl über einen ungeheuer weiten Raum. Wo wir diess auf der Erde finden, begegnen wir nicht
dem Gemeineigenthum, sondern der vorübergehenden Ausnützung
durch die Jagd und dem halbnomadischen Ackerbau einzelner Familien. Derselbe steht auch im Beginn aller geschichtlichen Gründungen
von Ackerbau-Kolonien. Es ist die direkte Wirkung des Bodenüber-
flusses. Die Bearbeitung einer gemeinsam besessenen Bodenfläche
durch einen Stamm ist, damit verglichen, schon ein durch die Zunahme der Menschen bedingter Schritt darüber hinaus. Vgl. o. S. 100.

Die weite Verbreitung des Gemeineigenthums, weit entfernt eine
Ur-Thatsache zu sein, empfängt geschichtliches Licht aus einem anderen weit verbreiteten Vorgang: Das Staatseigenthum am Boden hat
in gewissen kurzen geschichtlichen Zeiträumen das Eigenthum der
Einzelnen in der Form in sich aufgenommen, dass der Staat als
Eigenthümer den Boden an seine Bürger vertheilte, um ihn unter bestimmten Voraussetzungen wieder zurückzunehmen. Das geschah am
häufigsten nach grossen erobernden Ausbreitungen über weite »über-
flüssige« Landgebiete. So finden wir in den ersten Zeiten der Me-
rowinger noch wirksam die altgermanischen Vorstellungen vom
Eigenthum der Völkerschaft und des Völkerschaftskönigs am Boden
zusammen mit der römischen Auffassung der eroberten Provinz als
Eigenthum des Imperium. Das Besitzrecht von Gruppen und Einzelnen,
durch Arbeit erworben, durchbricht dann doch immer diese in der
Natur der Dinge nicht begründete Auffassung. Nur wenn die Hand,
die diesen Besitz hält, den Einzelinteressen gegenüber noch stärker

als der Staat war, gelang das nicht so leicht. Dann sehen wir z. B.
die die Thätigkeit des Volkes lähmenden und den Staat durch die
Bildung eines zweiten inneren Staates schwächenden Folgen der
Ansammlung eines übergrossen Grundbesitzes in der Toten Hand, die
zum Zerfall Aegyptens wie Spaniens beigetragen hat.

Anmerkungen.

I.

Der Staat als bodenständiger Organismus.

1) Herbert Spencer, The Study of Sociology. 1873. S. 330.

2) Bluntschli citiert in seinem Vortrag Die nationale Staatenbildung (1870)
noch wie einen neuen Gedanken den Ausspruch eines Amerikaners: Nationen entwickeln sich aus rohen Anfängen durch Aufnahme und Wachsthum wie organische
Wesen.

3) Herbert Spencer, Principles of Sociology. (1893.) I. S. 435—590.

4) Albert Schäffle, Bau und Leben des socialen Körpers. (1881.) IV.
S. 217 f.

5) Ich greife die besonders klare Begriffsbestimmung und knappe Darstellung in Richard Hertwigs Lehrbuch der Zoologie (1892) S. 128 u. f. heraus, wo
der Staat seine Stelle findet in dem Abschnitt Beziehungen der Thiere zu einander
I. Beziehungen zwischen Individuen derselben Art. Nach der Stockbildung wird
dort die Staatenbildung besprochen.

6) Carl Menger, Untersuchungen über die Methode der Staatswissenschaften
und der politischen Oekonomie, 1883. Drittes Buch: Das organische Verständniss
der Socialerscheinungen.

7) Carey, The Unity of Law 1873 S. 84.

8) Albert Schäffle, Bau und Leben des socialen Körpers. IV. S. 217f.

9) Auch diese Bilder entfernen sich freilich manchmal, wo sie wie Rede-
blumen ohne organischen Zusammenhang mit der Sache, gleichsam vertrocknet
gebraucht werden, von der Wirklichkeit so weit, dass sogar ihre ästhetische Wirkung leidet. So wenn Freeman in Comparative Politics (1873) S. 38 von Ra-
venna sagt: In dieser wunderbaren Stadt stehen wir gleichsam auf dem Isthmus
zwischen zwei Welten.

10) Ueber allgemeine Eigenschaften der geographischen Grenzen und über die
politische Grenze. In den Berichten der K. Sächsischen Gesellschaft der Wissenschaften (Sitzung am 6. Februar 1892).

11) Seitdem die Verträge von 1813 und 1828 Russland das Recht gegeben
haben, das Kaspische Meer »ausschliesslich« mit seinen Schiffen zu befahren, ist

für Russland dieser grosse See ein russisches Binnenmeer und die Kartographen sollten das berücksichtigen. Das russische Staatsgebiet ragt damit in der That bis vor Resch und Barfurusch und dass es sich dadurch zwischen die Provinzen Aderbeidschan und Chorassan schiebt ist für Persien sehr wesentlich.

12) Nicht nur wegen ihrer sachlichen Bedeutung, sondern auch um diese Beziehung zum lebendigen Organismus des Staates deutlich hervortreten zu lassen, habe ich in der zweiten Auflage meiner Politischen Geographie der Vereinigten Staaten (1893) die früher herkömmlicherweise bei Seite gelassenen »Uebergreifenden Rechte« S. 44—46 eingehend dargestellt.

II.

Naturgebiet und politisches Gebiet.

1) LEYSER 1726 In der Commentatio de vera Geographiae methodo.

2) ALFRED KIRCHHOFF hat in der Einleitung zur Länderkunde von Europa (Unser Wissen von der Erde II. 1. S. 11) dieser tieferen Auffassung die knappe klare Form gegeben: Europa ist ein in sich geschlossenes System von Ländern, folglich ein Erdtheil.

3) Die Vereinigten Staaten mit der ausgesprochenen Absicht amerikanisch zu bleiben. Die Kehrseite dieses Grundsatzes ist die vielberufene Lehre MONROES. Den Beziehungen der Vereinigten Staaten zu Liberia und Hawaii ist der koloniale Charakter durch formelle Erklärungen ferngehalten. Wenn JEFFERSON schon vor 70 Jahren die Annexion von Cuba wünschte, war es nur wegen der Abrundung. Er schrieb 1823 nach der Erwerbung Floridas an MONROE: Die Hinzufügung Cubas zu unserem Bunde ist genau, was wir brauchen, um unsere nationale Macht bis zur Grenze ihrer äussersten Interessen abzurunden (THOMAS JEFFERSON, Complete Works VIII. S. 300).

4) Vergl. MEYER von KNONAU's Aufsatz Schweizer Berge und Schweizer Grenzen im Jahrbuch des S. A. C. 1875. XI. S. 170.

5) Nach der vollständigsten und klarsten Darstellung der organischen Differenzierung in H. G. BRONNS Morphologischen Studien über die Gestaltungsgesetze der Naturkörper (1858), wo die letzten zwei Drittheile des Ganzen ihrer Darstellung gewidmet sind. DARWINS grosses, ein Jahr später erschienenes Werk, Ueber den Ursprung der Arten, das BRONN selbst ins Deutsche übersetzt hat, stellte dieses gedankenreiche Buch des Heidelberger Paläontologen in den Schatten. Es ist aber doch Zeit wieder darauf aufmerksam zu machen, dass diese morphologischen Studien den Höhepunkt der Einsicht in die Gestaltungsgesetze der Organismen bezeichnen, der überhaupt vor DARWIN erreicht war. ERNST HÄCKEL hat in der »Generellen Morphologie« 1866 Bd. II. S. 250 mit Recht hervorgehoben, dass BRONNS Erörterungen über das Gesetz der Arbeitstheilung sowohl intensiv als extensiv bedeutender seien als die von MILNE EDWARDS, der gewöhnlich als der Entdecker dieses Gesetzes hingestellt wird.

6) Die »sociologische« Differenzierung G. JÄGERS in dem Handwörterbuch der Zoologie, Anthropologie und Ethnologie beruht sicherlich auf einem Schreibfehler. Es ist dem Zusammenhang nach die sociale gemeint. Es ist übrigens merkwürdig, dass gerade der Wald weniger zu diesen Vergleichen herangezogen

wird, der als an die Erdoberfläche gebundenes Aggregat lebender Wesen viel mehr zum Vergleich mit dem Staat der Menschen herausfordern sollte.

III.

Die Entwickelung des Zusammenhanges zwischen Boden und Staat.

1) Mucke, Horde und Familie in ihrer urgeschichtlichen Entwickelung. 1895. S. 19. Die Ueberschätzung der Bedeutung des Raumes für die Urgesellschaft und den Urstaat in diesem Buche erinnert nicht weniger an die Vernachlässigung dieses Elementes in der Sociologie wie das andere Extrem, das kritiklose Nachbeten der Morgan'schen Anschauung von nicht-territorialen Urstaaten. Zu dem sachlichen Irrthum kommt in beiden Fällen der vollkommene Mangel an historischer Perspektive. Vgl. o. S. 68.

2) All forms of government are reducible to two general plans, using the word plan in its scientific sense. In their bases the two are fundamentally distinct. The first, in the order of time, is founded upon persons, and upon relations purely personal, and may be distinguished as a society (societas). The gens is the unit of this organization.... The second is founded upon property, and may be distinguished as a state (civitas). The township or ward is the basis or unit of this latter, and political society is the result. Ancient Society 1878 S. 7.

3) Vgl. besonders bei Poehlmann, Aus Alterthum und Gegenwart 1895 die Aufsätze: Die Feldgemeinschaft bei Homer (S. 105) und Extreme bürgerlicher und sozialistischer Geschichtschreibung (S. 391).

4) Mag es auf den ersten Blick erstaunlich scheinen, dass ein Mann wie Morgan, der auf ethnographischen Sondergebieten mit Erfolg gearbeitet hat, einem allgemeinen Problem gegenüber so Unwahrscheinliches vertreten sollte, so genügt doch ein Blick auf seine Methoden, um jeden Irrthum begreiflich zu finden. Morgan hat sich niemals klar zu machen versucht, wie tief die heutige Menschheit in die Vergangenheit zurückreiche. Er geht von der unbewiesenen Annahme aus, dass in der Menschheit, wie sie heute ist, alle Stufen der Entwickelung vertreten seien, die überhaupt dagewesen. Es kommt nur darauf an, meint er, dass man jede Erscheinung an ihre richtige Stelle in der Entwickelungsreihe versetzt. Darin liegt die Hauptaufgabe, der Morgan viel Fleiss, aber noch viel mehr Einbildungskraft gewidmet hat. Allerdings wird ihre Lösung wesentlich erleichtert durch den festen Glauben, dass die Menschheit »überall so ziemlich denselben Weg durchlaufen« habe. So wird man denn nur eine einzige Entwickelungsreihe zu konstruiren haben, die dann für alle Völkerzweige der Erde dieselbe bleibt.

Aber wie nun die Entwickelung gliedern? Selbst einem Morgan muss es auffallen, dass die Unterschiede der Kultur in der heutigen Menschheit den Gemeinbesitz einer grossen Zahl von Ideen und Dingen nicht ausschliessen. Da er die Unterschiede zwischen manchen von diesen Besitzthümern sogar geringer anschlägt als viele andere Ethnographen, z. B. auf den Gegensatz von Stein- und Eisengeräth nicht den hohen Werth legt, wie die Schöpfer der Kategorien Steinzeit und Eisenzeit, so wird es ihm nicht leicht fallen, die passenden Motive für seine Gliederung zu finden. Die sonst so sichere Sprache, die Morgan den ethnographischen Thatsachen gegenüber führt, kommt in's Schwanken, wo es sich um diese schwere Wahl handelt. Er lässt sich aber nicht entmuthigen. Er meint, die Künste zur Gewinnung des Lebensunterhaltes möchten am besten geeignet sein, die Grundlage für eine Eintheilung der Kulturentwickelung der Menschheit abzugeben; sie seien nur noch nicht genügend erforscht. Mit anderen Worten, die elementaren Vorrichtungen zum Feuermachen, zur Bereitung der Nahrung, zur Bekleidung und zum Hüttenbau sind so allgemein verbreitet und so weit von den ursprünglichen Methoden entfernt, dass an ihre Zuweisungen an bestimmte Kulturstufen gar nicht mehr zu denken ist. MORGAN meint aber, mit unseren gegenwärtigen Kenntnissen könne man das gewünschte Resultat in der Hauptsache auch so erreichen, dass man »eine Reihe anderer Erfindungen und Entdeckungen auswählt, die ein genügendes Zeugniss von thatsächlichen Fortschritten ablegen, um danach den Beginn der aufeinanderfolgenden Kulturstufen (successive ethnical periods) zu charakterisieren« (Ancient Society 1878 S. 9). Und damit kommt er u. a. dann zu der nirgends begründeten Bevorzugung der Töpferwaaren, des Bogens und Pfeiles, unwesentlicher Erfindungen, für den grossen Gang der Kulturentwickelung.

5) In dem Vortrag »The Nation« as an Element in Anthropology. (Memoirs of the International Congress of Anthropology. Chicago 1893. S. 19—34).

6) LYALL, Asiatic Studies (S. 152), wo diese Bemerkungen auf Central-Indien gemünzt sind. STRACHEY dehnt sie in der Sammlung seiner Vorlesungen »India« (1888 S. 5) auf ganz Indien aus.

7) TH. ROOSEVELT, The Winning of the West 1895. I. S. 145.

8) »States in the Egg, Germinal Communities« nennt WILLIAM B. WEEDEN, in der Economical and Social History of New England 1620—1789. Boston, 1894 die anfänglichen kleinen Kolonien der Engländer auf dem Boden von Massachusetts.

9) Der Ausdruck No Mans-Land, Niemandsland wird zuerst in Nordamerika angewandt auf das unbewohnte Grenzland zwischen den Indianern der Grossen Seen und des Mississippi sowie der Süd-Alleghanies. Wo die vor 130 Jahren noch kaum von einem Weissen durchschrittenen, fast lückenlosen Wälder des Alleghany-Gebirges sich am unteren Kentucky und Cumberland in Waldstreifen und Baumgruppen auflösen, zwischen die die Anfänge des grossen Graslandes als saftige Wiesen sich hineinschieben, lagen die parkartigen Jagdgründe der Tscherokie, Krihk und Tschikasah, die von Süden, und der Algonquin und Waiandot, die von Norden herkamen. Keiner bewohnte dieses herrliche Land, das wenige seines Gleichen auf der Erde hat, aber alle jagten hier. Ihre Jagd- und Kriegspfade durchzogen dieses Gebiet. Der erste Weisse, der in dieses einsame Land eingedrungen ist und eine Spur von seinen Reisen gelassen hat, ist der virginische Dr. THOMAS WALKER, der 1750 den Pass des Cumberland-Gap und den Cumberland-Fluss entdeckte. Sein Reisebericht ist 1894 von WILLIAM COBELL RIVES in Boston veröffentlicht worden. Vor ihm sind sicherlich Franzosen vom Ohio her und Engländer über die Alleghanies in No Mans-Land eingedrungen, um zu jagen oder Handel zu treiben. Wenn wir die Schilderungen von dem ausserordentlichen Wildreichthum dieses von Bisonten, Elenthieren, Hirschen, Panthern und Bären wimmelnden Landes lesen, dessen Salzquellen neben dem Blaugras eine mächtige Anziehung auf die grossen Wiederkäuer üben mussten, so möchten wir glauben, dass es eines jener absichtlich unbewohnt gelassenen Jagdgebiete gewesen sei, wie

wir sie auch in Afrika zwischen mehreren Ländern finden. Es würde sich dann
auch die Erbitterung verstehen lassen, mit der die hier jagenden Indianer die
weissen Eindringlinge bekämpften. Ueber dieses Gebiet hinaus waren weite Strecken
thatsächlich herrenlos zwischen dem Ohio und dem Tennessee. Die Iroquois
hatten zwar einen grossen Theil davon an England abgetreten, aber die Tscheroki
und Schani erhoben ebenfalls Anspruch darauf. Später ist der Ausdruck auch in
andere Theile des Uniongebietes übertragen worden. So bezeichnet man den nörd-
lichsten Zipfel von Texas, der später zum Indianer-Territorium geschlagen wurde
als No Mans-Land. Es hatte aber nun schon die cultiviert-corrumpierte Nebenbe-
deutung eines Gebietes der Gesetzlosigkeit, einer Zufluchtstätte für Gesindel aller
Art angenommen. In einem etwas anderen Sinn war der Name No Mans-Land in
Südafrika gemeint, wo er einen grossen Theil des späteren Ost-Griqualandes bezeichnet. Es ist das Gebiet am Fuss der Drachenberge zwischen den Flüssen Um-
zimkulu und Kimira, das durch die Vertilgung und Auswanderung seiner Einwohner
leer und herrenlos geworden war, als es 1862 dem Volk Adam Kocks, des Griqua-
häuptlings übergeben wurde. 1877 ist es mit Kaffraria vereinigt worden und als
einige Jahre darauf nach der vorübergehenden Bildung von Stella-Land die Regierung der Kapkolonie und des Südafrikanischen Freistaates die Grenz- und Besitz-
verhältnisse im heutigen Britischen Betschuanenland ordneten, wurde auch festgesetzt,
dass es in Zukunft überhaupt kein No Mans-Land mehr geben solle. Es liegt
darin eine Anerkennung des Unrechtes, das man mit der Voraussetzung eines
vollkommen herrenlosen Landes in diesen Gebieten begangen hatte und es wurde
ausdrücklich betont, dass sie jeder Art von Spoliation Thür und Thore öffne. Ein
anderer Sinn wohnt dem einst viel angewendeten »Charcas« inne, womit die
Spanier das politisch und grossentheils auch wirthschaftlich nicht ausgenützte Innere des südamerikanischen Festlandes verstanden. Das bedeutet die für die spanische Auffassung politisch ungegliederte oder amorphe Ländermasse, aus der fast
zufällig Paraguay und Bolivien entstanden sind.

10) Durch die Dazwischenkunft der mit den Hawaiischen Inseln in engere
Beziehungen getretenen Vereinigten Staaten von Amerika wurde die Absicht das
Kabel auf Birds Island zu landen vereitelt und die viel schwierigere Anheftung
auf Fannings Island nothgedrungen wieder in den Vordergrund geschoben.

11) Karl Peters gebraucht einmal von der englischen Kolonialpolitik der
Gegenwart das Bild Terrainspekulation im Grossen, das zugleich die politische Weitsichtigkeit einschliesst: »Dort ist man eben durch jahrhundertelange Erfahrungen im
klaren, dass Landbesitz auf der Erde ein im Preise immer steigendes Werth-
objekt darstellt, und dass auch Gebiete, welche heute noch werthlos erscheinen
mögen, durch Mineralfunde oder Entwickelung der landwirthschaftlichen Technik
bereits schon in einigen Jahren von grosser volkswirthschaftlicher Bedeutung sein
können«. (Dr. Karl Peters, Das Deutsch-Ostafrikanische Schutzgebiet 1895 S. 10).
Das ist die fortgeschrittenste Schätzung des Bodens, die ihn weder seines augen-
blicklichen politischen, noch seines greifbaren wirthschaftlichen Werthes halber
sucht, sondern ganz im Allgemeinen wegen seiner wirthschaftlichen und politischen
Nothwendigkeit.

12) Ernst Curtius, Griechische Geschichte. II. S. 627.

13) Clausewitz, Die Feldzüge von 1799. I. S. 62.

14. NACHTIGAL, Sahara und Sudan. Dritter Theil. 1889. S. 182.

15) WILLIAM B. WEEDEN spricht in der Economical and Social History of New England 1629—1789 (1894) Bd. I. S. 29 diese Auffassung, etwas nebulos zwar, doch verständlich in den Worten aus: »The value of every soil is in the atmosphere of intelligence, industry and virtue diffused over it by resolute and enduring citizens«.

16) Anthropogeographie II. Die geographische Verbreitung des Menschen. (1892) S. 48.

17) WISSMANN und L. WOLF, Im Inneren Afrikas (1888) S. 206. Von Ki-tikula, einem Dorf, das in gerader Linie 6 d. g. Meilen nördlich von Mukenges Hauptplatz liegt, sagt LUDWIG WOLF: »Die Eingeborenen wissen sich hier bereits immer mehr dem Einfluss Kalambas zu entziehen und zeigen diess auch durch ein unabhängiges, zu Zeiten freches Benehmen«. Das ist hier der Charakter des Peri-pherischen.

18) WISSMANN und L. WOLF a. a. O. S. 43 u. f.

19) Blaubuch über Transvaal vom Februar 1885 S. 46.

IV.

Die Einwurzelung des Staates im Boden.

1) China ist auch darin dem Abendland vorgeschritten. Schon vor zwei Jahrtausenden kolonisierte es systematisch hinter dem Schutz einer Militärgrenze das Land der Eingänge. Auch den Südwesten des chinesischen Reiches hat nicht kriegerischer Ansturm, sondern das langsame unwiderstehliche Vorrücken der ackerbauenden Kolonisten gewonnen. Die grosse Kraft und Dauerhaftigkeit der chinesischen Kolonisation liegt in der Mongolei und Mandschurei wie in Formosa im Haften am Boden, von dem die lockerer mit ihm verbundenen Eingeborenen verdrängt werden. Und von der Gewinnung des Westens von Nordamerika heisst es: Unser Westen ist weder entdeckt, noch gewonnen, noch besiedelt worden von einem ein-zigen Mann. Kein weitsichtiger Staatsmann plante die Bewegung, kein grosser Kriegsmann leitete sie. Es war das Werk der unaufhörlichen Bemühungen aller der rastlosen, unerschrockenen Hinterwäldler, Heimstellen für ihre Nachkommen zu gewinnen. TH. ROOSEVELT, The Winning of the West 1895. I. 145.

2) MOMMSEN, Römische Geschichte. I. S. 123.

3) DAHLMANN, Geschichte von Dänemark. I. S. 139. Das ist kein Bild, son-dern Wirklichkeit. Die Geschichte der Kolonisation lehrt, dass der Kolonist sich sein Land nicht bloss erwirbt, um darauf frei zu wohnen und seine Nahrung daraus zu ziehen, sondern um frei von der Polizei des Staates zu sein. Der Ko-lonist kann nicht genug Land und nicht wenig genug Staat haben. Wie gern ver-zichtet er sogar auf den Schutz, wenn er das frei verwalten kann, was er oft unter schweren Kämpfen errungen hat. Wie mancher Squatter wanderte über die Grenze seines Staates wieder in die Wildniss hinaus. Er ahnt das alte Gesetz, dass die Zunahme der Menschen auf engem Boden den Einzelnen unfreier macht, rein räumliche Motiv der Absonderung wirksam. Kein Niederländer zweifelt daran, Auch hier ist das dass die Kolonisation seiner Vorfahren im Moorland auf grosser Hufe und im Einzelhof zusammen mit den schweren Anfängen und blühenden Er-

gebnissen zur Entwickelung der politischen Unabhängigkeit der Niederländer wesentlich beigetragen habe.

4) Mit CHAMPLAIN vergleiche die treffenden Bemerkungen über die französisch-indianischen Beziehungen bei JUSTIN WINSOR: The Mississippi Basin. The Struggle between England and France 1697—1763. Boston 1895. S. 116 u. f.

5) In meiner Anthropogeographie Bd. II habe ich im 8. Kapitel die Beziehungen zwischen Volksdichte und Kulturstufe eingehend behandelt, wobei als typische Verhältnisse auf die Quadratmeile berechnet sich folgende herausstellten: 1. Jäger- und Fischervölker in den Randgebieten der Oekumene 0,1—0,3; Jägervölker der Steppen 0,1—0,5; Jägervölker mit etwas Ackerbau 10—40. Fischervölker auf schmalen Küsten- und Flussgebieten bis 100. Hirtennomaden 40—100. Nomaden mit Ackerbau 200—300. Ackerbauer mit Anfängen von Gewerbe und Verkehr 100—300. Ackerbauer mit Fischfang bis 500. Länder des Islam im steppenhaften Westasien und Sudan 200—500. Junge Länder mit europäischem Ackerbau 500. Klimatisch unbegünstigte Länder Europas ebensoviel. Reine Ackerbaugebiete Mitteleuropas 1000, reine Ackerbaugebiete Südeuropas 1000. Reine Ackerbaugebiete Indiens bis 10,000. Gemischte Ackerbau- und Industriegebiete 5—6000. Gebiete europäischer Grossindustrie bis über 15000.

6) Die Hausthiere und ihre Beziehung zur Wirthschaft des Menschen. Eine geographische Studie. 1896. S. 390 u. f.

7) VAMBERY, Das Türkenvolk. 1885. S. 171.

8) Nomadenvölker arischen Stammes hat das Alterthum gekannt. Hätten wir nicht die Ueberlieferung davon, so müssten wir sie hypothetisch annehmen für jegliche Erklärung des Zusammenhanges europäischer und asiatischer Arier.

9) POTANIN, Das tangutisch-tibetanische Grenzgebiet Chinas und die Central-Mongolei. St. Petersburg 1893. Leider nicht ins Deutsche übersetzt.

10) The Unity of Law; as exhibited in the Relations of Physical, Social, Mental and Moral Science. By H. C. CAREY, Philadelphia 1873. Besonders im Appendix B. Occupation of the Earth.

11) COQUILHAT, Le Haut Congo. S. 232 f.

12) E. DE LAVELEYE, Das Ureigenthum D. Ü. von Dr. KARL BÜCHER 1879. S. 13.

13) E. DE LAVELEYE, Dasselbe Werk. S. 4. Der deutsche Uebersetzer und Vervollständiger dieses Buches hat in das Wesen der Eigenthumsformen tiefer gesehen. Seine Aeusserung, dass die Schärfe und Ausbildung des Eigenthumsbegriffs nicht nothwendig ein ausgebildetes Cultur- und Wirthschaftsleben voraussetzt (D. Ü. S. 255), wirkt nach so manchen LAVELEYE'schen Ausführungen ernüchternd. Schade, dass sie in dem Gesammteindruck des Buches zu weit zurücktritt.